메타버스 바이블

디지털 사피엔스의 대이동

메타버스 바이블: 디지털 사피엔스의 대이동

초판 1쇄 인쇄 2022년 8월 7일
초판 1쇄 발행 2022년 8월 17일

저　　자 정승익, 고대겸
책임편집 문보람
디 자 인 디자인다인, 오지윤
인　　쇄 영신사
종　　이 세종페이퍼
홍　　보 박연재
제　　작 박종훈
제작/IP 투자 ㈜메타유니버스www.metauniverse.net

펴낸 곳 다빈치books
출판등록일 2011년 10월 6일
주　　소 서울특별시 마포구 월드컵북로 375, 21층 7호
팩　　스 0504-393-5042
출판 콘텐츠 및 강연 관련 문의 curiomoon@naver.com

CONTENTS

제4장 메타버스와 문화

제5장 메타버스 플랫폼

디지털 사피엔스의 이동

싸이월드 → 카카오톡 → 페이스북 → 틱톡 → 제페토 → ?

카카오톡이 처음 대한민국에 출시됐을 때, 무료 문자 메시지 기능으로 혁명의 아이콘이라 불렸다. 하지만 변화를 선호하지 않는 계층에서는 큰 호응을 얻지 못했고 주머니 상황이 여유롭지 않은 계층 사이에서 빠르게 퍼져 나갔다. 메신저의 특성상 발신자가 있으면 수신자도 존재하기 때문에 무료 메시지를 받기 위해 유저가 급격하게 증가하였으며, 카카오톡은 대한민국 국민과 동고동락하는 애플리케이션이 되었다.

사람들은 일대일로 정보를 교환하는 것은 효율이 낮다는 생각을 하게 되었고, 한 번에 더 많은 정보를 전송하거나 자신의 화려함을 효율적으로 뽐낼 수 있는 소셜 네트워크 서비스(SNS)인 페이스북을 찾게 됐다. 페이스북은 일 대 다수 형태로 효율적인 소통을 할 수 있었지만, 머지않아 충격적인 사건이 발생한다. 인터넷 보급으로 부모 세대가 아이들의 SNS를 구경하고, 친구 추가를 하는 사태가 발발하게 된 것이다. 탄압을 받아 미국으로 떠난 영국 청교도들처럼, MZ세대들은 새로운 디지털 영토를 개척하기 위하여 틱톡(TIKTOK)으로 떠난다.

틱톡의 영상 콘텐츠는 페이스북 사진보다 훨씬 전달력이 좋고 소통하기에는 적합했지만, 외모와 성격에 따라 생산자와 소비자가 극명하게 나뉘었으며 주류가 아닌 계층은 이방인처럼 콘텐츠 소비만 하니 금방 지루해지고 말았다. 그때 혜성처럼 등장한 것이 제페토와 로블록스이다. 메타버스 세계를 기반으로 한 3D 익명 플랫폼이다 보니 자신의 개성을 마음껏 표현할 수 있다. 이제는 부모님이 물려준 외모가 아닌 본인이 선호하는 외모를 가진 아바타로 살아가고, 자신과 비슷한 취향을 가진 유저들과 커뮤니티를 통해 학습하고 사회를 구축해나간다. 다만 아쉽게도 기득권층이 부동산과 모빌리티를 수집하여 자랑하는 것처럼, 메타버스에서는 본인이 착용한 아이템과 팔로워 숫자로 타인의 평가를 받는다. 가상세계도 현실 공간과 유사하게 능력과 소득에 따라 양극화 현상이 발생하고 있는 것이다.

플랫폼의 흥망성쇠 역사는 항상 동일하다. 오프라인에서 경제력이나 영향력이 부족한 사람들이 모여 주류를 이루면, 그 시장을 잡으려고 기업과 정부와 연달아 입점하여 결국 MZ세대들이 추구하는 트렌드와 멀어져 다른 곳으로 떠난다. 디지털 사피엔스의 제페토와 로블록스, 그다음 종착역은 어디가 될까? 아무도 모르지만 확실한 것이 하나 있다. 1950년대 세계 시총 10위 기업의 대부분이 제조업이었고, 2000년대 세계 시총 10위 기업의 대부분이 IT기업이었던 것처럼, 2050년 세계 시총 10위 기업의 대부분은 메타버스 기업이 될 것이라는 점이다.

Metaverse

01

메타버스의
정의

Metaverse

1 메타버스의 정의, 메타버스란 무엇인가?

1 메타버스는 윙윙 시끄러운 버즈 워드(Buzz Word)?

Metaverse 사진

(출처: freepik.com)

'버즈 워드(Buzz Word)'는 인터넷에서 검색엔진을 이용해 정보를 찾을 때 검색에 도움을 주지 못하는 단어를 뜻한다. 검색 시 흔히 사용하는 단어를 키워드로 입력하면 너무 많은 결과가 나오게 되므로 정보를 얻기가 거의 불가능해진다. 이런 단어를 버즈 워드라고 하는데, 그렇기 때문에 쓸데없는 말이라는 의미도 가지고 있다.

'로블록스'라는 메타버스 관련 기업이 메타버스의 대명사가 되면서 오히려 사람들의 관심이 식었다. 메타버스에 관련한 인터넷 검색량도 로블록스의 나스닥 상장 이후 곤두박질쳤다. 그렇다면 대표적인 메타버스 기업이 왜 갑자기 사람들의 관심에서 멀어졌을까?

추측해보면 두 가지 이유가 있을 것이다. 첫째는 게임이라는 점이다. 로블록스는 자신들의 공식 소개에서 게임을 통해 사람들을 하나로 모으는 것이 목표라고 말한다. 둘째는 주 이용 세대가 Z세대(1996년생~)라는 점이다. 로블록스 월간 이용자 수(MAU: Monthly Active Users)를 살펴보면, 3분의 1이 16세 미만이라고 한다.

이러한 특징을 가진 로블록스가 메타버스의 대표 기업으로 부상하니 사람들은 메타버스를 '아이들이 하는 게임' 정도로만 인식하게 되었다. 그로 인해 메타버스에 관한 관심도 처음보다는 사그라들었다. 돈의 흐름과 성장력을 보고 투자하는 사람들도 있지만, 메타버스를 제대로 이해하고 있지 않은 경우가 많다. 그래서 메타버스를 한바탕 지나갈 유행으로 보는 시각도 적지 않다. 이름 하여, '버즈 워드(Buzz word)'라고 말이다.

메타버스 게임 '로블록스'

(출처: kr.bignox.com)

비록 메타버스에 관한 명확한 합의가 없긴 하지만, 우리 생활 전반에 스며들고 나면 '메타버스'라는 용어는 사라지고 우리 일상이 될 수도 있다. 메타버스에 이미 익숙한 세대인 Z세대에게 '메타버스'라는 용어는 생소하지만, 무엇이 '메타버스'인지는 알고 있다. 실제로 <대학내일>이 진행한 설문조사에 따르면, MZ세대에게 메타버스에 관해 물어봤을 때 '잘 모른다'라고 답한 비율이 훨씬 높았다. 그러나 메타버스를 이용한 플랫폼('모여봐요 동물의 숲', '로블록스', '제페토' 등)에 대해 들어본 적 있는지를 물어봤을 때에는 대다수가 들어본 적이 있다고 응답했다.

이러한 추세라면 메타버스라는 단어 자체에 사람들의 관심은 줄어들지 몰라도 메타버스는 우리 일상 곳곳에 스며들 것이다. Z세대뿐만 아니라 모든 세대에게 하나의 삶이자 일상이 될 수도 있다. 다들 스마트폰을 어색해할 때가 있었지만, 이제는 키오스크까지 섭렵해버린 우리처럼 말이다.

② 대혼돈의 메타버스(Metaverse of Madness)

반도체 회사 엔비디아의 CEO 젠슨 황

(출처: https://publy.co/content/5687?fr=last-chapter-recommendation)

"메타버스가 오고 있다(The Metaverse is Coming)."

그래픽카드 부분 세계 1위를 달리고 있는 반도체 회사 엔비디아(NVIDIA)의 CEO 젠슨 황(Jensen Huang)이 했던 말이다. 그의 한마디에 메타버스는 세상으로 나왔다.

"페이스북(Facebook)의 미래는 메타버스에 있다."

지금은 메타(Meta)로 기업 이름까지 바꾼 페이스북의 창업자이자 CEO인 마크 저커버그가 공개적으로 한 말이다.

"메타버스는 소셜 미디어 이상의 가치를 가졌고, 여기서
산업 기회를 본다."

퀄컴(Qualcomm) 최고경영자 크리스티아노 아몬(Cristiano Amon)의 말이다.

이제 모든 세상이 메타버스를 이야기하고 있다. 사람들이 점차 관심을 가지기 시작했고, 전 세계 언론들이 메타버스 관련 기사들을 마구잡이로 작성하기 시작했다. 많은 IT 뉴스에 메타버스가 등장했고, 메타버스 스타트업도 생겨났다. 전문가들 예측으로 2025년에는 메타버스와 관련된 매출이 한화로 약 410조 원에 달할 것이라고 한다. 한마디로 돈이 된다는 뜻이다. 미래도 되고, 돈도 되는 '메타버스'를 우리는 어떻게 이해하고 활용할 것인가?

02 | 메타버스? 현실감 있는 가상세계

1 전 세계가 우릴 주목해!

메타버스 게임 '마인크래프트'

(출처: www.minecraft.net)

온 세상이 새로운 시대의 미래로 메타버스를 손꼽는다. 그에 따라 글로벌 IT 기업들은 메타버스를 새로운 기회로 생각하고 미래 전략을 세우고 있다. 반도체 회사인 엔비디아(NVIDIA)의 CEO 젠슨 황은 개발자 회의에서 "메타버스의 시대가 오고 있다(The Metaverse is Coming)"라고 언급했으며, 국내 통신기업인 SK텔레콤은 메타버스 기업으로 변신하겠다고 선언했다.

메타버스의 활용 분야는 점점 더 넓어지고 있다. 미국의 여러 대학은 샌드박스 게임인 마인크래프트(Minecraft)에서 메타버스 졸업식을 진행했고, 국내 순천

향대학교는 메타버스 입학식을 열었다. 또한, 국내 프로야구팀 한화이글스는 최초로 메타버스 출정식을 가졌고, 국내 기업들은 회의를 메타버스 플랫폼 중 하나인 '제페토(Zepeto)'에서 진행했다.

메타버스를 활용하는 사례가 빠르게 늘어나고 있는데, 이는 국내뿐만 아니라 전 세계적인 추세다. 메타버스 관련 검색량의 증가와 시장 가치의 증가가 사람들을 메타버스로 불러오는 주요한 동력이다. 비단 투자자들과 기업들만의 전유물이 아니라, 일반적인 사람들도 많이 이용하고 있다. 메타버스 게임 '모여봐요 동물의 숲', 가상 아바타 플랫폼 '제페토' 그리고 게임형 생활 플랫폼 '로블록스' 등의 메타버스 플랫폼에 모여드는 사람들 수는 이미 억 단위이다.

2 그럼 메타버스는 가상현실일까?

영화 〈레디 플레이어 원〉

(출처: www.filmaffinity.com)

'메타버스'라는 용어가 처음 등장한 소설 <스노 크래시(Snow Crash)>와 SF 장르의 거장인 스티븐 스필버그 감독이 제작한 영화 <레디 플레이어 원(Ready Player One)>은 메타버스를 이야기할 때 자주 등장하는 예시들이다. 아직까지 개념이 모호한 메타버스를 사람들에게 설명할 때, 시각적으로 확인시켜줄 수 있는 좋은 사례이기도 하다.

여기서 오해가 자주 발생한다. '메타버스'는 소설이나 영화에서 나온 것과 같이 일종의 가상세계라는 인식을 사람들에게 심어준다는 점이다. 이렇게 '메타버스=가상현실'이라는 정의를 내리고서 메타버스 사례들을 살펴보면 혼란이 발생한다. 결국 메타버스는 가상현실에서 시작된 억지이자 또 하나의 마케팅 용어라는 말도 나오고 있다. 그렇게 사람들은 메타버스에 흥미와 관심을 잃어버리게 된다.

③ 당신은 누구십니까? 나는 메타버스, 너도 메타버스, 우리는 메타버스

메타버스를 한 문장으로 정의하면 '현실과 가상이 서로 결합되어 그 속에서 사회, 경제, 문화 활동이 활발히 이루어지는 세계'라고 할 수 있다. 전문가들은 메타버스를 가상세계, 증강현실, 라이프로깅 그리고 거울세계로 분류하기도 한다. 하지만 최근에는 보다 다양한 양상을 띠고 있어서 그런 분류는 무의미하다고 본다.

이 책에서는 메타버스를 이렇게 정의하고 싶다.

'현실감 있는 가상세계'

완전한 가상공간이든, 현실 위에 입혀진 가상공간이든 현실과 가상세계가 구분되지 않을 정도의 '현실감'과 '몰입감'이 있을 때, 비로소 메타버스는 완성된다. 그러기 위해서는 현실과 가상세계를 현실감 있게 이어줄 기술 장치들이 필요하다. 하지만 아직까지는 완벽한 기술을 구현하지 못하고 있으니, 완벽한 메타버스는 존재하지 않는 셈이다.

3 | VR 끼고, 나이키 러닝 앱 켜고, 구글 어스 지도 보면서, 포켓몬 GO 하면 메타버스?

1 누가 메타버스야?

메타버스 네 가지 분류

(출처: www.metaverseroadmap.org)

메타버스가 등장하고 얼마 되지 않아 전문가들이 메타버스 유형을 구분해놓았다. 하지만 앞서 언급한 것처럼 완벽한 메타버스는 아직 없다고 생각한다. 그럼에도 불구하고 메타버스의 유형을 살펴보는 이유는 메타버스라는 거대하고 모호한 개념을 이해하기가 어렵고, 관련 기술도 다양하기 때문이다. 그래서 이 유형 분류를 활용해 메타버스의 이해에 조금 더 다가가보고자 한다.

비영리 기술연구단체 가속연구재단(ASF, Acceleration Studies Foundation)이 분

류한 메타버스 유형에는 네 가지가 있다. 이 유형들의 분류 기준은 어떠한 메타버스 콘텐츠를 만들어가느냐와 얼마나 더 현실을 배경으로 가상세계를 결합하는가 그 정도의 차이다.

① 포켓몬 GO: 증강현실

게임 '포켓몬 GO'

(출처: 포켓몬 GO 홈페이지)

첫 번째 유형은 증강현실(Augmented Reality)이다. 줄여서 AR이라고 하는데, AR은 어디선가 한 번쯤 들어봤을 것이다. 현실 세계에서 스크린과 같은 화면 장비를 이용해 가상의 내용들을 표현해내는 기술을 말한다. 예를 들어, 자동차 앞 유리에 각종 정보들을 띄워 보여주는 기술도 증강현실이라고 할 수 있다. 또 다른 예시는 2016년에 많은 사람들을 세계 곳곳으로 여행시킨 게임 '포켓몬 GO' 이다.

이 게임은 우선 포켓몬 GO 앱을 켜고, 휴대폰으로 아무 공간이나 비추면 포켓 몬스터 캐릭터가 휴대폰 화면에 나타나는 식으로 구현된다. 항상 컴퓨터 화면 속에서 납작한 모습으로만 존재하던 것들이 이제는 내가 사는 공간으로 들어와 함께 있다는 느낌을 준다. 이런 점이 많은 이들을 열광하게 했을 것이다.

② 나이키 런 클럽(Nike Run Club, NRC): 라이프로깅

나이키 러닝 앱

(출처: https://www.nike.com/)

두 번째 유형은 라이프로깅(Life Logging)이다. 라이프로깅은 이용자가 현실에서 활동하는 여러 데이터(신체, 감정, 경험, 움직임 등)들을 가상세계와 연결해 통합하고 공유하는 방식을 뜻한다. 각종 신체 감지 기술과 GPS 기술이 발전하면서 운동 앱들이 더욱 각광받는 추세다. 대표적으로 나이키에서 제작한 러닝 앱, 나이키 런 클럽(Nike Run Club, NRC)이 있다. 앱은 이용자가 달린 거리뿐만 아니라 속도, 심박수, 구간별 속도까지 측정하고 나타낸다.

③ VR: 가상세계

메타버스 플랫폼 '제페토'

(출처: https://www.naverz-corp.com/)

　세 번째 유형은 가상세계(VR)이다. 그렇다면 VR은 무엇이냐. VR은 Virtual Reality의 약자로, 가상현실을 뜻한다. 요즘 젊은 세대에서 유행하는 '제페토' 혹은 '로블록스' 등이 이와 비슷한 개념이라고 보면 된다. 하지만 현재 이 가상현실들을 이용하는 방법은 컴퓨터 또는 스마트폰의 화면뿐이다. 앞서 언급한 내용처럼 완전한 가상세계를 형성하기 위해서는 기술력이 뒷받침되어야 한다. 그래서 머리에 뒤집어쓰는 헬멧이나 안경 등의 기술이 결합되어야 완전한 가상세계를 구현할 수 있다.

④ 구글 어스: 거울세계

구글 어스

(출처: Google.com)

마지막 유형은 거울세계(Mirror Worlds)이다. 거울세계는 현실의 공간을 가상의 공간에 복제하고 다양한 정보를 결합하는 기술을 의미한다. 구글에서 제공하는 '구글 어스(Google Earth)'가 대표적이다. 구글 어스는 지구의 위성사진을 종합해 가상의 3D 지구를 만들어 여러 가지의 서비스를 제공한다. 거울세계는 최근 디지털 트윈(Digital Twin)이라는 이름 아래 현실 세계를 그대로 디지털 세계로 복제해 다양한 실험을 하는 용도로 쓰인다.

② 5G 속도로 변하는 메타버스

위의 네 가지 유형은 ASF에서 2007년에 내놓은 기준이다. 현재는 2022년이다. 과학 기술이 기하급수적으로 발전함에 따라 100년 전의 1년과 현재의 1년에는 확연한 차이가 생겼다. 상대적으로 시간이 빨라진 만큼 기술도 그 흐름을 따라 빠르게 발전하는 중이다. 메타버스도 기술의 발전에 따라 더 많은 유형이 생기고 있고, 유형 간의 경계가 허물어지고 있다. 그래서 메타버스를 구분할 때에는 어떠한 서비스를 제공하고 있는지 파악하는 게 우선이다. 그리고 우리는 각자에게 필요한 서비스를 선택하여 즐기거나, 메타버스 기술을 활용하여 어떻게 비즈니스에 접목시킬 것인지를 연구해야 한다.

4 | 메타버스는 게임인가?

1 왜 사람들은 메타버스를 게임으로 인식할까?

게임 '세컨드 라이프'

(출처: ko.wikipedia.org)

　이렇게 설명을 해도 여전히 '메타버스는 게임인가요?'라고 질문하는 사람들이 있을 것이다. 앞에서 언급한 '로블록스'와 같은 메타버스 콘텐츠는 게임 콘텐츠라고 할 수 있다. 그러나 모든 메타버스 콘텐츠들이 다 게임은 아니다. 그렇다면 왜 많은 사람들이 메타버스를 게임으로 알고 있을까?

　사실 많은 메타버스 콘텐츠가 게임으로 소개된다. 대표적으로 '로블록스'와 '마인크래프트'가 있다. 하지만, 이전에도 '세컨드 라이프'라는 소셜 게임이 인기를 끌어 메타버스를 알리고 있었다. 이 게임을 이용하는 연령대를 살펴보면 절반 이상이 Z세대라고 한다. 쉽게 말해, 요즘 젊은 세대가 많은 메타버스 게임을 하고 있다는 뜻이다.

기성세대도 여기에 공감을 한다. 그 이유는 기성세대의 게임들도 가상세계에서 본인의 캐릭터를 조종하면서 즐기는 형태이기 때문이다. 현재 메타버스 게임을 즐기고 있는 젊은 세대, 메타버스의 특징을 가지고 있는 게임을 했던 기성세대. 이 세대들 모두가 메타버스를 게임으로 이해하기 쉽다.

② 이제 유저가 게임을 지배한다

메타버스 게임 '마인크래프트'

(출처: www.koreaminecraft.net)

기존 게임은 정해진 미션 수행과 목표 달성만을 위한 콘텐츠로, 이용자의 '자유도'가 높지 않았다. '자유도'는 '참여도'라고 말할 수 있겠다. 이러한 참여도는 최근 메타버스 게임 콘텐츠에서 이전과는 다른 양상을 띤다. 대표적인 게임으로는 앞에서 설명한 '마인크래프트'가 있다. 게임 속 여러 가지 기능들을 사용해 지형지물과 다양한 물건까지 이용자가 직접 만들 수 있다. 게임 안에서 이용자 각자가 다른 게임을 만들 수 있고, 다른 이용자들과 함께 본인의 게임을 즐길 수도 있다.

이러한 게임을 샌드박스(Sandbox)라고 한다. 샌드박스는 모래 박스라는 뜻인데, 아이들이 모래 놀이를 하듯이, 이용자들이 자유롭게 뭐든 직접 만들 수 있다는 개념에서 비롯되었다. 단순히 정해져 있는 게임 세상 속에서만 즐기는 것이 아니라, 이용자들의 자유도를 높인 생산적인 게임이 된 것이다.

③ 게임하면서 돈 벌고, 게임하면서 쇼핑하자

메타버스 제작 플랫폼 '제페토 스튜디오'

(출처: https://studio.zepeto.me/kr)

메타버스 게임 콘텐츠에서는 샌드박스의 개념이 이미 도입되어 이용자들이 생산에 직접 참여할 수 있다. 게임 세계에서 중요한 아이템을 서로 사고팔 수도 있다. 그 세계에서 좋은 가치를 지닌 아이템은 그만큼 가격도 높다. 하지만 아이템 수는 정해져 있고, 그것을 원하는 이용자는 많을 것이다. 그러다 보니 아이템 가격은 점점 더 상승하고 결국 게임 내 화폐로는 구입하기가 힘들어진다. 결국 현실 세계의 화폐를 이용해서 구입한다.

이렇듯 이용자가 직접 게임 안에서 아이템을 생산하는 콘텐츠를 이용할 수 있다. 게임이 하나의 콘텐츠이자 하나의 메타버스 플랫폼이 되는 것이다. '제페토'와 '로블록스'는 이런 점들을 이용자들에게 홍보함으로써 크게 성장하고 있다.

이러한 이유들로 메타버스는 곧 게임으로 보일 수도 있다. 그러나 이 책을 계속 읽다 보면 그런 생각은 점차 머릿속에서 사라질 것이다. 그러니 끝까지 읽어보자.

02

메타버스와
경제

Metaverse

01 기업들이 서둘러서 메타버스를 타는 이유는?

1 회의는 계속된다

화상회의 프로그램 '줌(zoom)'

(출처: http://www.codingworldnews.com/news/articleView.html?idxno=2945)

코로나19 사태는 기업들에게도 엄청난 고통이었다. 업무를 정상적으로 처리
해야 하지만 대면 실시간 커뮤니케이션의 부재로 일이 효율적으로 진행되지 않
았다. 모든 기업들이 절망하고 있을 때 혜성처럼 나타난 화상회의 기업이 바로
'줌(Zoom)'이다. 전염병이 확산하자 모든 활동들이 대면에서 비대면으로 전환되
었고 회의 온라인화를 줌이 앞당겼다. 줌의 강력한 기능 덕분에 많은 근로자들이
효율적으로 원격근무를 할 수 있게 되었고, 기업 간 협업도 지속적으로 성장할
수 있게 되었다. 정보통신산업진흥원 보고서 자료에 따르면, 2021년 상반기 4월

줌의 하루 이용자는 약 3억 명이라고 한다. 한 사람당 광고 단가를 보수적으로 100원만 잡아도 300억 원의 매출을 올릴 수 있다.

하지만 시간이 흐르자 정보 전달만을 목적으로 하는 온라인 회의 플랫폼들에 사람들은 피로감을 느꼈고, '줌 피로감(Zoom Fatigue)'이라는 신조어도 탄생했다. 이러한 문제를 극복하기 위해 기업들은 발 빠르게 움직이고 있으며, 피로감이 덜한 메타버스 세계로 이동하여 메타버스 회의 문화를 만들어가고 있다. 현재 세계적인 기업 마이크로소프트(MS)와 메타(Meta) 등이 활발하게 메타버스 회의를 진행하고 있다.

2 누가 먼저 회의를 지배하나?

메타버스에서 회의를 하는 모습

(출처: Meta)

기업들이 메타버스를 이용하려는 방식은 크게 두 가지로 나눌 수 있다. 첫 번째는 자체 서버를 구축하여 새로운 메타버스 플랫폼을 만드는 것이며, 두 번째는 기존 플랫폼을 활용하는 것이다. 신규 플랫폼을 구축하는 것은 상당히 난이도가 높고 해당 플랫폼을 사용해야 할 특별한 이유가 없으면 사용자들의 재방문율 (Retention)이 낮아진다는 단점이 있으며, 서버 유지·보수에 드는 비용이 만만치가 않다. 그럼에도 메타버스 월드를 직접 디자인하여 새로운 기회를 노리는 기업이 바로 메타(Meta)이다. 메타는 기존 온라인 화상회의 형식에서 완전히 벗어나, 메타버스를 이용해 VR 기반 메타버스 SNS 서비스를 제공한다. VR 기기를 착용하고 메타버스에 접속하면 아바타를 이용해 회의에 참석할 수 있다.

메타버스에서 회의를 하는 모습

(출처: SK텔레콤)

국내 기업인 SK텔레콤도 플랫폼을 직접 제작했다. 자사의 VR 회의 앱이던 '소셜VR'과 '버추얼 밋업'을 확대 개편한 새로운 메타버스 플랫폼인 '이프랜드 (ifland)'를 출시한 것이다. 이프랜드는 온라인 모임에 특화되어 있는 플랫폼이지만, 앞으로는 경제적 활동도 할 수 있게 만들겠다는 계획도 발표했다. 현재는 가상회의를 제공하는 것이 주요 기능이다. 다른 플랫폼들과 마찬가지로 이프랜드에도 아바타가 존재한다. 이프랜드 사용자들은 본인들의 아바타를 이용해 회의에 참석하고 다른 사용자들과 대화할 수 있다. 하지만 다른 메타버스 플랫폼에 비해 유저가 직접 콘텐츠(월드, 아이템)를 개발하지 못하여 확장성과 창의성이 부족하다는 것이 단점이다.

　다른 많은 국내외 기업들도 메타버스 세계에 관심을 가지고 합류하려고 하고 있다. 게다가 정부 또한 메타버스 세계에 많은 관심을 보이는 중이다. 국가발전 전략인 '디지털뉴딜2.0' 계획에 메타버스를 국가 핵심 과제로 포함시켰다.

③ 돌다리도 두들겨 보고 건너라

화상회의 프로그램 '구글 미트'

(출처: Google Meet)

　기업이든 정부든 메타버스 세계에 무작정 뛰어드는 것은 위험 부담이 있다. 특히나 새로운 메타버스 플랫폼을 자체적으로 제작하는 것은 더욱 어렵다. SK 텔레콤은 가상회의 앱을 소유하고 있어서 그나마 발 빠르게 새로운 플랫폼으로

도약하는 것이 가능했다. 그렇지 않다면 메타버스 세계에 빠르게 반응하기란 쉽지 않다.

그 때문에 기업과 공공기관 대부분은 기존에 있는 메타버스 플랫폼을 이용한다. 코로나19로 오프라인 모임과 회의가 제한되어 있기 때문에, 사람들을 모으려면 제약이 없는 메타버스 세계가 가장 적합하기 때문이다. 그래서 화상 채팅 분야가 그들의 관심을 받았고 줌이나 구글 미트(Meet)와 같은 서비스들을 이용했다. 하지만 위에서 언급했듯이 카메라를 통한 좁은 화면, 자신의 어색한 얼굴 등에서 오는 피로감 때문에 몰입감이 떨어진다.

그래서 선택한 것이 바로 메타버스를 이용하는 것이다. 보다 생생한 몰입감과 많은 사람들이 동시에 이용할 수 있다는 점이 메타버스 가상세계의 장점이다. 회사 내 회의는 물론이고 각종 행사나 교육까지 메타버스 세계에서 가능하다.

④ 만남의 장소, 메타버스

에픽게임스의 CEO 팀 스위니

(출처:
https://post.naver.com/viewer/postView.nhn?volumeNo=2064171
5&memberNo=11710666)

메타버스 플랫폼 '포트나이트' 개발사인 에픽게임스의 CEO 팀 스위니(Tim Sweeney)는 다음과 같이 말했다.

> "메타버스는 만남의 장소가 될 것입니다. 브랜드들은 단순 홍보가 아닌 실제 소비자 경험을 전달하기 위해 메타버스에 참여하게 될 것입니다."

그의 말처럼 메타버스에는 이미 많은 사람들이 존재하고, 그 공간을 만남의 장소로 이용하고 있다. 기업과 정부 기관들은 공간적, 시간적 제약이 없는 메타버스 공간을 적극 활용해 자신들을 홍보해야 한다.

2 현실 세계에도 많은 편의점, 메타버스에도 많을까?

① 메타버스에서 진검 승부, CU vs GS25

편의점 CU의 메타버스 세계

(출처: BGF리테일)

현실 세계에서 편의점 1, 2위를 다투고 있는 CU와 GS25가 메타버스 세계에서 격돌했다. 먼저 CU가 메타버스 플랫폼인 '제페토'에서 한강공원 맵에 첫 매장을 오픈하였고, 뒤이어 GS25도 자체 제작한 맵인 'GS25 맛있성'을 공개했다.

CU는 제페토 내의 한강공원에 원래 있던 편의점을 CU로 리모델링을 한 것이다. 메타버스 내의 CU에서는 실제 세계에서 판매되는 음료와 먹을 것들을 진열해놓고, 계산대에는 대학생 스태프인 '하루'를 세워 현실 속 편의점을 완벽히 구현해냈다. 한강공원 맵 외에도 CU는 '교실 맵', '지하철 맵' 등 총 세 개의 매장을 제페토에 열었다. 실제 세계처럼 상권을 분석해 편의점이 있을 법한 곳에 매장을 건설함으로써 현실감을 구현했다. 또 하나 재미있는 요소는 제페토 내의 아바타를 실제 사람처럼 조종이 가능하다는 것이다. 진열대에 표시된 손가락 버튼을 누르면 아바타가 해당 제품(CU에서 판매하고 있는 실제 아이템)을 획득하거나 음식의 경우 먹을 수 있다.

편의점 CU의 메타버스 세계
(출처: BGF리테일)

CU는 제페토 내에서 새로운 매장을 열 때마다 온라인과 오프라인 동시 행사를 진행한다. '교실 맵'에서 매장을 열었을 때는 오프라인 방문자를 대상으로 설문조사를 진행해 선정한 메뉴인 '제페토 콘참치마요', '제육불고기 삼각김밥'을 판매했다. 또한, 편의점 계산대에 있는 대학생 스태프인 '하루'가 입고 있는 의상을 판매하기도 했는데 한 달 만에 약 22만 개가 팔렸다고 한다. BGF리테일 마케팅 관계자는 "제페토 편의점은 잠재 고객들에게 시공간을 초월해 CU를 소개함으로써 브랜드 친밀도를 높이는 마케팅 효과를 톡톡히 얻고 있다"라면서 "국내 뿐만 아니라 해외 유저 방문율도 높아 글로벌 시장에 CU를 알릴 수 있는 온라인 채널로서의 역할도 한다"라고 말했다.

② 우리는 왕국이다, GS25

편의점 GS25의 메타버스 세계

(출처: GS리테일)

CU에 뒤이어 메타버스 세계에서 홍보를 시작한 GS25는 자체적으로 제작한 맵인 'GS25 맛있성'을 공개했다. 성을 테마로 꾸며진 이곳에서는 왕자인 '지에스리오'가 삼각김밥 모양의 삼김이 왕자로 변해버렸다는 세계관을 중심으로 운영된다. 지에스리오는 "안녕, 난 삼각김밥으로 변해버린 삼김이 왕자야. 어떻게 하면 예전 모습으로 돌아갈 수 있을까"라고 자신을 소개한다. 공간 곳곳의 "지에스리오라는 왕자가 우리를 초대한 이유가 뭘까?"라는 문구로 사용자들의 주의를 끈다.

편의섬 GS25의 메타버스 세계

(출처: GS리테일)

GS25 맛있성은 시작부터 구름 위에서 떨어지며, 판타지 세상처럼 웅장한 배경음악도 흐르고 거대한 성도 존재한다. 성에 입장하면 GS25 편의점이 있고, 게임을 할 수 있는 놀이공간도 있다. 하지만 편의점을 경험한다기보다는 다른 콘텐츠들이 많아서 CU와는 차별된 마케팅 포인트를 주었다. 또한 아바타를 사용자 개성대로 꾸밀 수 있어서 추가적인 콘텐츠가 가능하다는 점이 색다르다. GS리테일 관계자는 "삼김이 왕자를 부캐(부캐릭터) 개념으로 보면 된다"라고 설명하면서 "유튜브 등에 스토리텔링을 재밌게 풀어낼 예정"이라고 밝혔다. 그리고 "앞으로도 다양한 메타버스 플랫폼과 연계해 MZ세대와 소통을 강화하고, 온라인과 오프라인 시너지 효과 창출에도 박차를 가할 것"이라고 덧붙였다.

'빙그레' 메타버스 광고

(출처: 빙그레)

빙그레는 몇 년 전부터 '세계관 마케팅'을 펼쳤다. 빙그레의 대표 과자 중 하나인 '꽃게랑'이 사실은 러시아의 국민 과자인 '끄랍칩스'이고, 2021년에 한국으로 진출한다는 스토리텔링을 가진 세계관이다. 2021년 7월 '끄랍칩스'를 만드는 가상의 러시아 회사 '게르과자 인터내셔널'이 메타버스 세계에서 한국 진출 성과 보고회를 겸한 언택트 파티를 개최했다. 행사는 국내 기업인 SKT의 메타버스 플랫폼 '이프랜드(ifland)'에서 진행됐고 현실의 행사와 유사하게 열렸다.

03 메타버스 산업에서 성공하려면, VR 기기부터 만들자

1 눈으로 직접 보지 말고, VR 기기로 보고 사자!

'월마트' 메타버스

(출처: 월마트)

메타버스를 완전한 세계로 만들기 위해 필요한 것 중 하나가 바로 VR 기술이다. 세계적인 IT 기업인 메타, 애플, 마이크로소프트 등을 필두로 월마트, 네이버, 소니 등의 기업들도 VR 시장에 뛰어들었다.

월마트가 자체 제작한 VR 쇼핑몰이 대표적이다. 사용자들은 월마트 VR 매장에 접속해 카트를 끌며 구경할 수 있다. 본인이 원하는 상품이 있으면, 카트에 담아 계산대로 이동해서 결제하면 된다. 며칠 뒤에는 구매한 제품이 실제 현관문 앞에 배송되어 있을 것이다. 월마트는 VR 기기의 특성을 활용해 실제 눈으로 보지 않아도 현실 세계와 똑같이 만들어진 세계를 보면서 쇼핑을 할 수 있게 만들었다. 실제로 물건을 보고 상품을 확인할 수 있다는 오프라인 쇼핑의 장점과 매장으로 직접 가지 않아도 된다는 온라인 쇼핑의 장점을 한 번에 가지고 있는 셈이다.

패션 브랜드 '돌체앤가바나' 메타버스 패션위크
(돌체앤가바나 메타버스 패션위크에서 컬렉션 공개. 출처: wkorea.com)

이탈리아 명품 브랜드인 '돌체앤가바나(Dolce&Gabbana)'도 월마트와 비슷한 서비스를 제공한다. 돌체앤가바나는 VR 기기를 이용해 프랑스 파리, 이탈리아 로마, 일본 오사카에 등에 위치한 매장을 구경할 수 있게 했다. 실제 매장과 똑같은 구조는 물론 실제 상품들까지 동일하게 구현했다. 마음에 드는 제품이 있다면 그 제품을 클릭해 담당 직원의 설명을 들을 수 있다.

메타버스 게임 '로블록스'와 패션 브랜드 '구찌'의 협업

(출처:
https://www.exclosetshop.com/trendnews/?q=YToxOntzOjEyOiJrZXl3b3JkX3R5cGUi
O3M6Mzoi YWxsIjt9&bmode=view&idx=7067219&t=board)

　　VR 기술의 핵심이라고 불렸던 콘텐츠 전쟁도 경쟁이 뜨겁다. VR 기기의 보편화는 기기를 사용할 적절하고 재밌는 콘텐츠가 있어야 성립한다. 이러한 콘텐츠 분야에서 가장 눈에 띄는 분야가 바로 게임 분야다. 그중에서도 가장 대표적인 기업으로 '로블록스'가 꼽힌다. 로블록스는 메타버스 세계에 최적화된 게임 스타일과 높은 수준의 자유도로 많은 인기를 끌고 있다. 장점도 많고 사용자도 많아서 여러 기업들과 협업을 진행하고 있기도 하다. 명품 브랜드인 루이비통, 구찌 등이 로블록스에서 매장을 열고 제품을 판매하는 것은 메타버스의 인기를 실감할 수 있는 부분이다.

VR 기기로 주삿바늘 공포를 이겨내자

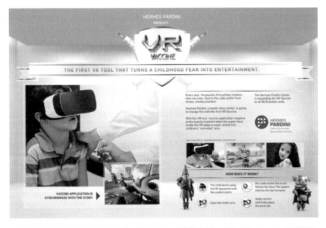

의학 회사 '에르메스 파르디니' 관련 뉴스

브라질의 '에르메스 파르디니(Hermes Pardini)'라는 의학 관련 회사에서 'VR 백신' 프로젝트를 진행했다. 프로젝트의 목적은 주사 맞기를 두려워하는 아이들에게 편하게 주사를 놓는 것이었다. 과정은 다음과 같다. 아이들에게 VR 헤드셋을 씌우고 애니메이션을 재생한다. 애니메이션의 내용은 나쁜 악당을 막기 위해 우리 몸에 방어막을 작동시켜야 한다는 내용이다. 영웅의 동료가 방어막을 작동시키기 위해서는 '얼음 꽃 가루'를 팔에 바르고, '불꽃 열매'라고 하는 것을 팔에 부착해야 한다.

외부에서 간호사는 아이들이 보고 있는 화면을 동시에 시청할 수 있다. 영웅의 팔에 '얼음 꽃 가루'를 바르는 장면이 나오면, 간호사가 알코올 솜으로 아이들 팔을 소독한다. 그리고 '불꽃 열매'를 붙이는 장면이 나오면, 간호사가 아이들의 팔에 주사를 놓는다. 아이들은 물론 고통을 느끼겠지만, 그 고통은 방어막을 만들기 위한 하나의 과정으로 받아들여진다. 주사에 대한 공포심을 다른 생각으로 대체하는 방법인 셈이다.

실제로 아이들은 주사를 무서워하지 않게 됐고, 아이들의 근육이 긴장하지 않아 주사를 맞는 과정도 이전보다 더 수월해졌다고 한다. 이 회사가 사용한 VR 기술은 그렇게 높은 수준이 아니고 콘텐츠 역시 간단하고 단순하다. 가상세계에서 사용자와 다른 누군가가 만나서 무엇을 하는 것도 아닐뿐더러 단지 VR 기기에서 재생되는 영상만 보는 게 전부이다. 하지만 이러한 사소하고 작은 것들도 VR 기기를 활용해 해결할 수 있다는 점에 주목해야 한다. 메타버스 및 3D 모델링 기술력이 부족하더라도 충분히 좋은 아이디어와 상업적 마인드만 있으면 소비자를 충분히 매료할 수 있다.

04 제조 공장들도 메타버스로 변신

① 메타버스 기술 이용해 업무 효율 UP

'포스코' 가상 공장

(출처: https://newsroom.posco.com/kr/)

다양한 분야의 제조 공장을 가지고 있는 기업들이 메타버스를 이용하고 있다. 현실과 똑같은 공장을 가상세계에 만들어 현장 관리 효율을 높이고 있을 뿐만 아니라, 최근 대두되고 있는 친환경 정책 및 ESG 경영에서도 유리한 고지를 선점했다. 그중 국내에서는 포스코가 가상공간에 공장을 만들어 이목을 집중시켰다. '디지털 트윈 제철소'라고 불리는 공장을 만들었는데, '디지털 트윈(Digital Twin)'은 현실 세계에 존재하는 공장이나 시설 공간을 가상세계에도 똑같이 구축하는 메타버스 기술이다.

'포스코'의 AR 기술이 적용된 공장

(출처: 포항산업과학연구원)

　　연료나 원료를 투입하기 전에 먼저 가상공간의 공장에서 실험을 해볼 수 있다. 디지털 트윈 기술은 현실을 정밀하게 반영할 수 있기 때문에 포스코의 각종 복잡한 공정에 가장 적합한 연료와 원료 배합을 찾을 수 있다고 한다. 또한 품질과 원가, 이산화탄소 배출량을 빠른 시간 내에 파악할 수 있는 것으로 알려졌다. 게다가 현실과 거의 흡사한 그래픽을 통해 다양한 각도로 볼 수 있어서 공장의 제조 과정을 세밀하게 관찰할 수 있다는 것도 장점이다.

'에어버스' AR 기기

(출처: 에어버스)

유럽 최대의 항공기 제조사인 에어버스(Airbus)는 마이크로소프트(MS)의 '홀로렌즈2' 헤드셋을 항공기 제조에 활용하고 있다. 헤드셋에 제조 매뉴얼, 도표 등 제조와 관련된 디지털 정보가 나타나게 하는 메타버스 기술을 도입하면서 기존 공정 대비 제조 시간을 3분의 1로 줄였다고 전해진다. 게다가 항공기 부피는 너무 거대하기 때문에 하나 부품을 서칭하고 적용하려면 상당한 시간이 소요되는데, 증강현실을 이용하면 정확한 위치 파악이 가능하고 사고를 미연에 방지할 수 있다고도 한다.

에어버스는 디지털 트윈 기술을 이용해 고객 요구 사항을 반영한 맞춤형 제품 생산을 가능하게 했다. 예를 들어 의료용 항공기를 제작할 경우 가상의 공간에 환자가 누울 자리, 산소 탱크, 검사 장비 등의 장치들을 장착해보고 상황과 용도에 맞게 공간을 구성할 수 있는 것이다. 이처럼 디지털 트윈 기술을 통해 고객들의 요구 사항을 반영하고 이를 다시 고객에게 시각적으로 정확히 보여주는 과정을 진행함으로써 제조 과정에서 일어나는 시행착오를 최소화하면서 비용을 절감하고, 고객들은 더 만족해 일석이조이다.

'록히드 마틴'의 AR 기기

(출처: 록히드 마틴)

미국의 최대 방위산업체인 록히드 마틴(Lockheed Martin) 역시 증강현실을 활용해 우주선 제조 분야에서 생산성을 높이고 있다. 록히드 마틴 또한 마이크로소프트의 '홀로렌즈'를 사용한다. NASA의 화성 여행용 오리온(Orion) 우주선 조립에 증강현실을 적용하기 시작했고, 제조 시간도 단축되었다. 이제 작업자들은 수천 페이지에 달하는 제조 매뉴얼을 들고 다니지 않고, 증강현실 안경을 통해 필요한 매뉴얼을 바로 실행시켜 화면에 띄울 수 있다. '홀로렌즈'는 부품이 어떻게 결합되는지 그 과정부터 도면까지 필요한 모든 내용을 시각화해 화면에 나타내준다. 또한 조립의 모든 단계를 음성으로 안내하고, 우주선 승무원 모듈에 설치될 네 개의 좌석 부분에는 홀로그램 설명서를 띄워 종이 설명서나 화면 도움 없이 작업이 가능하다.

'GE' AR 기기

(출처: GE)

GE(General Electric Company)는 원격 정비, 생산, 조립, 유지·관리, 물류 관리 등에 증강현실을 활용하고 있다. 재생에너지 공장에서 풍력 발전용 터빈을 조립하는 작업자들은 증강현실 안경을 착용하고 원격 정비를 진행한다. 작업자가 안경을 통해 보는 장면을 다른 공간에 있는 전문가도 그대로 볼 수 있다. 전문가는 마치 본인이 직접 보고 있는 것처럼 진단하며 정확한 지시도 내린다. 작업자가 음성을 통해 전문가에게 도움을 요청하는 것도 가능하다.

증강현실의 기술을 사용하기 전에는 공장의 작업자들이 작업을 중단하고 매뉴얼을 살펴보거나, 전문가에게 연락해 문제를 확인하는 과정을 거쳐야 했다. 하지만 이제는 다른 제조 기업들과 마찬가지로 종이 매뉴얼이나 태블릿에 저장한 매뉴얼을 확인하지 않고 안경을 통해 더욱 구체적으로 또 실시간으로 이슈를 체크할 수 있다. 그 덕분에 기존보다 훨씬 생산성이 향상되어 기업들의 원가 절감의 구세주가 되었다. 기업의 제작 단가가 내려가면 자연스럽게 소비자 가격도 감소되어 시장의 선순환 구조가 만들어질 것이다.

5 │ 오프라인 가게가 점점 줄어든다

① 너도나도 메타버스 이용해서 팔자

'레이밴 스토리즈' 착용 사진

(출처: 레이밴)

메타버스 세계가 펼쳐지고 나서 온라인과 오프라인은 하나로 연결되었다. 선글라스 브랜드 레이밴(Ray-Ban)은 기업 메타와 협업해 스마트 안경인 레이밴 스토리즈(Ray-Ban Stories)를 출시했다. 레이밴 스토리즈는 일반 선글라스의 역할도 하지만, 사진을 촬영하고, 음악을 감상하며, 통화를 할 수 있는 만능 선글라스이기도 하다. 고해상도 카메라 두 개, 마이크로 스피커 두 개, 마이크 세 개, 터치 패널, 무선 통신 장치, 배터리 등이 내장되어 있다. 메타가 레이밴과 협업한 이유는 딱딱하고 익숙하지 않은 메타버스 증강현실 기술을 레이밴이라는 친숙하고 역사가 오래된 선글라스 기업을 통해 보다 쉽게 대중에게 다가가게 하기 위해서였다. 또한 메타는 증강현실을 제어하는 데 도움이 되는 팔찌도 함께 개발했다. 두 회사는 2023년 2세대 레이밴 스토리즈를 출시한다는 계획을 가지고 있으며, 1세대를 사용하는 유저들의 피드백을 받아 더욱 강력한 메타버스 아이템을 출시할 것으로 예상된다.

② 매장에는 직원도 없고 계산대도 없다

아마존 고

(출처: 아마존 고)

아마존 고(Amazon Go)는 미국 최대 이커머스 기업 아마존닷컴이 운영하는 식료품점이다. 첫 번째 매장은 워싱턴주 시애틀에 있는데, 무인점포로 소비자가 계산대에 줄을 서지 않고 제품을 구입할 수 있도록 자동화되어 있다. 고객이 물건을 선택하면 천장에 설치된 카메라와 진열대의 무게 센서가 자동으로 감지하여 물품 종류와 가격 등을 계산한다. 아마존 고의 가장 큰 특징은 계산대가 없다는 것이다. 계산대와 계산원 대신 지하철역 개찰구와 같은 기계가 있다. 자율주행차에 탑재되는 컴퓨터 비전, 딥러닝 알고리즘 등의 메타버스 기술을 적용한 '저스트 워크 아웃 기술(Just Walk Out Technology)'로 정산 시스템을 자동화했다.

아마존 고 내부

(출처: https://datacookbook.kr/98)

고객들은 스마트폰에 다운로드한 아마존 고 전용 앱 QR코드를 스캐닝하고 매장에 들어간다. 아마존 고의 시스템은 고객이 손에 든 제품을 인식해 고객의 가상 장바구니에 담는다. 쇼핑을 끝내고 체크아웃 기계를 통과하면 물건들 값이 고객의 아마존 계정에서 자동으로 정산된다. 아마존 고는 미국 내에서 매장을 계속 확장해가고 있다.

Tao Café

(출처: https://www.marketing-interactive.com/)

중국의 알리바바 그룹도 무인매장인 'Tao Café'라는 콘셉트 매장을 선보였다. 소비자들이 이 매장에 들어가기 위해서는 스마트폰으로 QR코드를 스캔해 매장 출입 허가를 받아야 한다. 물건을 구매할 때에는 아마존 고처럼 제품을 고른 후 지하철역 개찰구와 같은 기계를 통과하면 결제가 완료된다. 스마트폰을 꺼내지 않아도 자동으로 알리페이를 통해서 결제가 된다. 매장에는 사람 얼굴을 인식하는 시스템도 도입했다. 여러 명이 동시에 하나의 물건을 잡거나, 가방에 물건을 담아서 나가거나, 선글라스 또는 마스크를 하고 나가는 등의 상황에서 결제를 진행하기 위한 시스템이라고 한다.

알고리즘 관련 사진

(출처:
https://velog.io/@swch56/01-%EC%95%8C%EA%B3%A0%EB%A6%AC%EC
%A6%98-%EC%A2%85%EB%A5%98)

10년 후에는 지금보다 훨씬 기술이 발전해 훨씬 풍요로운 삶을 살고 있을 것
이다. 아마존 고에 적용된 증강현실 기술과 레이밴 스토리즈에 적용된 기술이 결
합되면 해당 기업은 사용자들의 생생한 개인정보를 얻을 수 있고, 사람들의 다양
한 정보를 취합해 광고를 보낼 수도 있다. 현재의 구글 같은 거대 인터넷 기업들
처럼, 사용자 관심 분야 정보와 관련된 광고를 계속해서 노출시키는 것과 같은
원리이다. 하지만 메타버스 또는 복잡한 기술을 이용하지 않는 가게들은 점점 소
외되어서 사라지지 않을까?

호주 쇼핑몰 '채드스톤 더 패션 캐피탈'

(출처: 채드스톤 더 패션 캐피탈)

향후 몇 년 동안은 오프라인 가게들이 사라지지 않을 것이지만, 오프라인 공간에서 제공하는 서비스는 변화할 것이다. 오프라인 매장을 보유하고 있는 기업들이 점점 그 수를 줄이고 있는 것이 현실이고 기업들은 항상 그래왔듯이 위기에 봉착하면 현명한 방안들을 제시하곤 했다. 오프라인 가게들이 아마존 고처럼 기술을 접목한다면 그 나름의 매력이 생길 것이다.

호주 멜버른에 있는 한 오프라인 쇼핑몰은 증강현실 기술을 적용해 소비자들에게 새로운 경험을 제공했다. 증강현실을 이용해 보물찾기 형식의 이벤트를 쇼핑몰에 적용한 후 소비자들 반응을 살핀 것이다. 소비자들은 쇼핑몰 이곳저곳을 돌아다니면서 아이템들을 찾아 선물을 받았다. 이는 쇼핑몰 방문객을 증가시키는 효과로 이어졌다. 증강현실 이벤트를 위해 소비자들이 쇼핑몰 곳곳을 돌아다니며 다양한 상점을 방문하도록 디자인했기 때문이다. 그리하여 판매하는 물건

또는 브랜드의 노출 효과를 높였고, 젊은 MZ세대들이 해당 이벤트에 참여하고 흥미롭게 느껴 자발적으로 SNS에 공유함에 따라 자연스럽게 바이럴 마케팅으로 이어졌다.

시간이 흐르고 기술이 더 발전하면 사람들은 메타버스를 통해 가상세계에서 쇼핑할 것이다. 즉, 우리가 현재 손쉽게 온라인 쇼핑을 하는 것처럼 메타버스 쇼핑을 할 것이 분명하다. 그렇다고 해서 오프라인 쇼핑이 없어지지는 않을 것이다. 호주 멜버른 쇼핑몰의 예처럼 온라인 쇼핑과는 다른 매력을 오프라인 쇼핑에서 느낄 수 있기 때문이다. 따라서 기업들은 온라인 쇼핑과 오프라인 쇼핑을 선호하는 그룹을 나누어 그에 맞는 적합한 마케팅 방법을 찾아야 한다.

6 메타버스에도 은행이 있을까?

1 메타버스 은행은 무슨 일을 할까?

NFT 기반 메타버스 플랫폼 '독도버스' 내 NH농협은행 독도지점 내부 모습

(출처: NH농협은행)

우리는 돈을 맡기거나 찾으러 은행에 간다. 그리고 예금 또는 적금에 가입하고, 대출을 받는다. 우리가 알고 있는 은행은 우리 돈을 안전하게 보관해준다. 그렇다면 메타버스 세계에서 은행은 어떻게 운영되고 있을까?

메타버스 세계의 은행들은 아직 기술이 그렇게 많이 발전된 것이 아니라서 아직 갈 길이 멀다. 하지만 현실 세계의 시중 은행들은 본격적으로 메타버스 시장에 뛰어드는 중이다. 시중 은행들은 자체적으로 플랫폼을 개발하거나 기존 메타버스 플랫폼과 협업하고 있다. 이들의 최종 목표는 그들만의 자체 메타버스 플랫폼을 가지는 것이다. 그들의 플랫폼에서 은행 업무를 가능하게 만들겠다는 의미다.

신한메타버스 '1차 시범 서비스' 성과
※서비스 기간 3월 14~21일

 일별 접속자 — 약 **4**만명 (중복 포함)

 누적 사용자 — 약 **3**만 **3000**명 (중복 제외)

 25~44세 (MZ세대) 비율 — 약 **58%**

신한은행 메타버스 플랫폼 '시나몬' 1차 베타 서비스 성과

(출처: https://www.etnews.com/20220428000080)

신한은행은 메타버스 플랫폼인 '시나몬(Shinamon)'을 만들었다. 금융권에서 자체 개발한 메타버스 플랫폼은 시나몬이 최초다. 시나몬은 금융과 비금융 영역을 확대해 가상세계에서 이용 고객들에게 색다른 경험과 직관적인 서비스를 제공한다는 목표를 가지고 있다고 한다. 사용자들이 모임, 휴식 등을 할 수 있는 공간인 '스퀘어', 디지로그브랜치 서소문지점의 이미지를 이용해 만든 은행 지점 '브랜치', 한국프로야구리그(KBO)와 함께 행사를 진행하는 '야구장', GS25 편의점을 구현해 실제 구입이 가능한 '스토어' 등을 만들어 사용자들이 신한은행 메타버스를 쉽게 체험할 수 있도록 했다. 다른 메타버스 세계와의 차이점은 실제 주문이 가능하다는 것이다. 각 진열대 앞에 서면 장바구니가 활성화되는데, 그

화면을 클릭하면 GS25 온라인 쇼핑몰로 이동할 수 있다. 또한 다른 공간으로 이동하는 것도 간편하다. 벽처럼 보이는 공간을 터치하면 각도가 변하면서 이동할 수 있다.

신한은행 메타버스 속 GS25

(출처: GS25)

얼마 전, 신한은행은 금융권 최초로 자체 구축 중인 메타버스 플랫폼인 '시나몬'의 2차 베타 서비스를 시작했다. 이번에는 새로운 금융 콘텐츠들이 도입되었다. 시나몬에 접속하면 가상 재화인 '츄러스'를 얻을 수 있는데, 사용자들은 이 츄러스를 이용해 적금이나 청약, 펀드 등 가상 금융상품에 가입할 수 있다. 이자는 츄러스 이자를 받는다. 또한, 주택청약 종합저축과 비슷한 개념의 청약 콘텐츠도 제공한다. 가입자가 일정 회차 이상 납입하면, 메타버스 플랫폼에서 주택을 청약할 수 있는 구조다. 청약에 당첨된 가입자에게는 시나몬 정식 서비스 출시 때 메타버스에서 개인 공간이 제공될 예정이다.

신한은행 메타버스 속 야구장

1차 베타 서비스 당시 있었던 다양한 비금융 기업들과의 협업은 2차 베타 서비스에서도 이어진다. 편의점 상품을 바로 구매할 수 있는 GS리테일 '스토어', 한국야구위원회와 협업해 제작한 '야구장', 프로야구 구단 KT wiz의 워터페스티벌 홍보를 위한 'KT Zone', 종근당건강과 함께 제작한 헬스케어 연계 공간 '헬스케어 Zone', 미술품 거래 플랫폼 서울옥션블루의 서비스와 연계한 '아트 Zone', 핀테크 업체 레몬트리에서 제공하는 '퀴즈박스' 등이 있다.

KB국민은행 신입행원 연수 개강식

(출처: KB국민은행)

KB국민은행도 메타버스 플랫폼 내에서 대출, 부동산을 구입하는 등의 금융 서비스를 적용해 테스트를 해봤다고 한다. KB국민은행은 메타버스 플랫폼인 '로블록스' 내에 KB금융타운 베타버전을 만들어 가상 영업점과 금융을 접목시킨 게임을 출시했다. 게임을 통해서 메타베스 부동산을 구매할 수 있고, 자금을 은행에서 대출하는 것도 가능하다. KB금융은 게더(Gather) 플랫폼을 활용해 'KB금융타운'을 공개한 적도 있다.

우리은행의 메타버스(가상세계) 소상공인 지원센터인 '우리메타브랜치'

우리은행은 메타버스 플랫폼인 '오비스(oVice)'와 함께 메타버스 세계에서 소상공인들이 실제 업무를 볼 수 있는 '우리메타브랜치'를 운영하고 있다. 우리은행이 현실 세계에서 운영하는 '우리 소상공인 종합지원센터'를 메타버스로 구현한 것이다. 개인고객 서비스인 '메타뱅킹'도 준비 중인데, 현재 사업 초기 단계로 기술적인 부분을 검토하고 있으며 전담 업체를 선정한 후 본격적인 업무에 들어갈 것이라고 한다. 또한, 우리은행은 메타버스 시장에서 강점을 지닌 기업과의 협업을 통해 메타버스 세계 진출을 목표로 하고 있다.

7 말도 안 되는 가격으로 가상의 땅을 사는 이유는?

1 들어가서 누울 수 없는 내 집

메타버스 가상 부동산 관련 사진

(출처: 한국경제 매거진)

메타버스가 뜨거운 감자가 된 후 많은 사람들에게 주목을 받고 있는 분야가 있다. 바로 메타버스라는 가상세계에 있는 부동산이다. 가상 부동산(Virtual Real Estate)이라고 불리는 메타버스 부동산은 NFT(Non-fungible Token)를 통해 소유권이 인정된다. 메타버스 부동산에는 크게 두 가지 종류가 있다. 하나는 현실과 완전히 다른 공간의 부동산이고, 다른 하나는 현실 세계를 그대로 복제해 실제 지역과 똑같은 부동산이다. 현재 대부분의 메타버스 부동산은 현실 세계를 그대로 복제한 것들이고 계속해서 거래가 이루어지고 있다.

메타버스 가상 부동산 플랫폼 '어스2(Earth2)'

(출처: https://anywhereifyoucan.com/316)

메타버스 가상 부동산의 소유권은 NFT가 일종의 등본 역할을 한다. 부동산을 구입하면, 그 땅을 만든 사람과 그 땅을 구매한 사람의 정보가 담긴 대체 불가능한 토큰인 NFT가 발행된다. NFT가 있기 때문에 메타버스 내의 토지를 한정된 수량으로 팔 수 있고, 구매자들 또한 본인들의 소유권을 주장할 수 있다. 즉, 거래가 가능한 재화가 되어 구매자가 토지를 재판매하거나 임대를 내어 이익을 창출할 수 있는 셈이다. 메타버스 관련 자료에 따르면, 2021년 메타버스 부동산 판매 금액은 약 6000억 원이라고 하고, 2022년에는 그 두 배인 약 1조 2000억 원에 도달할 것이라고 예상한다.

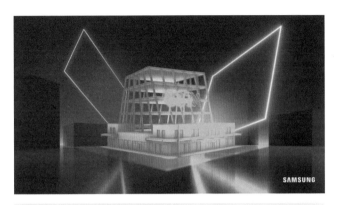

디센트럴랜드에 들어선 삼성 837X

(출처: 삼성전자 미국법인 웹페이지)

많은 메타버스 플랫폼들이 가상 부동산 시장에 진입했고, 투자자산으로 인정받고 있다. 메타버스 내 부동산이 가장 비싸게 판매된 사례는 메타버스 플랫폼 '더샌드박스(The Sandbox)'라는 사이트에서 개인에게 53억 원에 매매된 가상의 섬이다. 가상 부동산 전체 판매의 4분의 3이 더샌드박스 부동산인데, 메타버스 부동산 플랫폼들은 희소성을 부여하기 위해 판매량을 한정하고 있다. 다시 말하면, 더샌드박스 플랫폼 이외의 플랫폼에서도 가상 부동산을 구매할 가치가 있다는 뜻이다. 삼성전자가 '디센트럴랜드(Decentraland)'에 매장을 오픈한 것도 그 이유에서겠다.

심성전자 한정판 웨어러블 NFT

(출처: 삼성전자 미국법인 웹페이지)

삼성전자 미국법인은 디센트럴랜드에 가상 매장 '삼성 837X'를 개설했다. 이 매장은 미국 뉴욕 맨해튼 워싱턴 스트리트 837에 실제로 위치한 삼성전자 제품 체험 전시장인 '삼성 837'을 가상세계에 재현해놓은 곳이다. 이곳에 방문하면 현실 세계와 똑같이 각종 삼성 제품을 체험해볼 수 있으며, 제한된 수량으로 발행하는 헬멧 또는 의류 등의 NFT 아이템들을 얻을 수 있는 행사도 진행한다.

가상 부동산 플랫폼 '디센터럴랜드(Decentraland)'

(출처: 디센터럴랜드)

이처럼 가파른 성장세를 보이는 가상 부동산을 보며 기업들도 발 빠르게 움직이고 있다. 기업에서는 가상 부동산을 구매해 다른 사용자들에게 땅을 임대하고 수익을 내기도 한다. 또한, 기업이나 브랜드 홍보관을 건설해 마케팅에 이용하기도 한다. 따라서 마케팅에 활용할 목적으로도 가상 부동산 수요는 더욱 늘어날 것이다. 많은 사람이 이미 유입된 메타버스 세계에 본인들의 제품이나 브랜드를 홍보하는 것을 원하지 않을 기업은 없기 때문이다.

가상 부동산 플랫폼 '세컨서울(2ndseoul)'

(출처: https://xn--9y5b23r.com/709)

　　그렇다면 왜 사람들은 직접 들어가서 살 수도 없는 건물과 땅을 살까? 많은 원인들이 작용되었겠지만, 현실 세계에서 터무니없이 가격이 오른 땅을 살 수 없다는 절망감이 가상공간 투자 심리에 반영되었다고 볼 수 있다. 수도권에 거주하는 2030세대 직장인 1000명을 대상으로 진행한 설문조사 결과에 따르면, 그들의 80% 이상이 투자를 하고 있으며 그중 40%가 부동산에 투자를 하고 있다고 한다. 매일같이 가격이 급등하는 현실 부동산 시장에서 집을 마련하고자 노력하는 것에 지친 많은 사람들이 어떻게든 본인들의 땅을 가지려고 가상의 공간으로까지 들어오고 있는 현실이 안타깝다.

Metaverse

03

메타버스와
사회

Metaverse

01 요즘 누가 용인 에버랜드 가니?

1 디즈니도 참여하는 '메타버스 테마파크'

Disney Metaverse NFT

(출처: 트위터 @NFTs_MINT)

최근 디즈니는 메타버스 사업을 담당할 임원을 새롭게 임명했다. 디즈니 미디어, 엔터테인먼트 유통 그룹에서 임원으로 근무했던 마이클 화이트(Michael White) 수석 부사장이다. 그는 이번 조직 개편에 따라 디즈니의 메타버스 사업을 이끌게 됐다.

밥 차펙(Bob Chapek) 월트디즈니컴퍼니 최고경영자는 독자적인 메타버스 구축을 검토하고 있다고 밝히면서 앞서 메타버스 사업 진출을 시사한 바 있다. 이에 지난해 디즈니가 특허청에 등록한 '가상세계 시뮬레이터(Virtual-world Simulator)'라는 기술에 모두가 주목하는 중이다. 특허 문서에 따르면, 스마트폰으로 방문객 위치를 추적해 개인화된 3D 이미지를 생성하고 이를 테마파크 공간에 투영하는 기술이라고 한다. 헤드셋 등의 별도의 가상현실(VR) 또는 증강현실(AR) 기기 착용 없이도 가상세계 경험을 가능하게 한다는 점에서 기존 기술들과 차별화됐다. 모두의 기대를 받고 있는 디즈니가 메타버스를 어떻게 구축할지가 최대 관심사다.

② 에버랜드도 '메타버스 테마파크'

에버랜드 메타버스
(출처: https://www.witheverland.com/4079)

국내 테마파크들도 발 빠르게 움직이고 있다. 에버랜드가 가상공간 속에서 에버랜드의 인기 놀이기구인 'T익스프레스'에 아바타들을 태우고 달리는 영상을 SNS에 공개하자 반응이 뜨거웠다. 삼성물산 리조트부문은 에버랜드 세계관을 디지털로 확장하기 위해 블록체인 서비스 기업인 '플레이댑(Playdap)'과 에버랜드 메타버스 구축 사업을 추진해왔다.

단순히 뛰거나 꾸미는 기본적인 활동이 아닌 온·오프라인 연계를 통해 현실감과 몰입감을 높인 차별화된 서비스를 제공하겠다는 것이 에버랜드 메타버스의 목표이다. 메타버스에서 특정 미션을 완료하면 실제 놀이기구 우선탑승권과 상품교환권 등을 얻을 수 있고, 현장 고객들도 메타버스 게임 아이템을 획득할 수 있는 이벤트에 참여가 가능하다고 한다.

실제 에버랜드 여름축제에서 즐길 수 있는 콘텐츠들도 에버랜드 메타버스에서 체험할 수 있게 된다. 에버랜드 메타버스는 공포 혹은 심신상의 이유로 놀이기구를 타지 못하거나 거리가 멀어 직접 방문이 어려운 고객들에게 간접 체험의 기회가 될 수 있다. 에버랜드 메타버스는 테마파크 다섯 개 지역 가운데 '유러피안 어드벤처'를 중심으로 문을 열 예정이다.

③ 과연 사람들이 가상 놀이동산에 갈까?

놀이동산의 재미와 감동을 메타버스의 제한된 공간에서 과연 구현할 수 있을까 의문이 있겠지만, 놀라운 통계가 있다. 2021년 메타버스 제페토 플랫폼에 롯데월드가 등장했고, 일찍이 메타버스에 뛰어든 롯데월드의 누적 방문자 수는 500만 명을 넘어섰다. 롯데월드를 대표하는 '자이로드롭'에 올라 하늘에서 테마파크 전경을 내려다보거나 롯데월드 곳곳에서 기념사진을 찍을 수 있다. 이곳을 구경하다 보면 실제 테마파크처럼 교복을 입고 사진을 찍는 유저들을 손쉽게 볼 수 있다.

어린이대공원 메타버스

또한 서울어린이대공원 역시 메타버스 세계로 진출했다. 메타버스 플랫폼인 제페토에 서울어린이대공원 메타파크를 만들어서 운영 중이다. 그곳에는 팔각당을 포함해 식물원, 바다동물관, 숲속의 무대, 수영장 등이 만들어져 있다. 어린이날 100주년 때에는 포토부스를 설치해서 기념사진을 찍을 수 있게 했다. 부모님과 어린이들이 같이 접속하여 메타버스 안에서 플레이하는 미래의 모습이 상상된다.

제페토(ZEPETO)가 국내 유저들을 대상으로 진행한 '2021 제페토 최애 공식 맵 선발전'에서 톱10에 오르기도 한 롯데월드 테마파크. 오늘 입장료가 무료인 메타버스 테마파크 월드 방문은 어떨까?

02 | 아직도 현장에서 교육받는다고?

1 이제는 공장도 스마트하게!

옴니버스 가상 공장

(출처: http://www.aitimes.com/news/articleView.html?idxno=139408)

2020년 엔비디아(NVIDIA)의 CEO 젠슨 황은 메타버스를 이야기하면서 '옴니버스(Omniverse) 플랫폼'을 언급했다. 옴니버스 플랫폼이란 여러 사람들이 협업하여 가상세계를 만들고 그 안에서 다양한 실험을 할 수 있도록 지원하는 플랫폼이다. 가상세계와 옴니버스 플랫폼에는 차이가 있다. 옴니버스 플랫폼은 현실에서 적용되고 있는 물리법칙을 그대로 가상에서 구현할 수 있다는 점이다. 예를 들어 태양이 비치는 강도, 공기의 밀도, 바람, 물의 흐름 등의 자연 물리 법칙들이 전부 구현된다. 게다가 옴니버스는 실시간으로 동시에 여러 사람들의 제작 참여가 가능하다.

옴니버스 5G 전파 시뮬레이션

(출처: http://m.newstap.co.kr/news/articleView.html?idxno=142283)

메타버스와 관련되어 옴니버스 플랫폼을 이용해서 만든 미래형 공장을 스마트 팩토리(Smart Factory)라고 부른다. 스마트 팩토리는 공간과 설비의 배치가 실제와 같을 뿐만 아니라, 사람들의 행동도 모니터링을 할 수 있다. 게다가 증강현실(AR)은 제조를 담당하는 공간을 변화시키며 스마트 팩토리를 현실화한다. 작업에 필요한 각종 부품 정보들, 도면과 현황 등이 손쉽게 파악 가능해 작업 과정의 오류를 최소화하고, 사고도 미연에 방지하는 게 가능해졌다. 결과적으로 생산품의 품질 향상과 생산 시간 단축에 도움이 된다. 또한, 작업 과정에서 생기는 각종 사고를 예방하는 효과까지 있어서 안전 관리 수준도 함께 높여준다.

BMW AR 엔지니어 교육

(출처: https://www.press.bmwgroup.com/korea/)

증강현실 기술을 포함한 스마트 팩토리는 제조 과정뿐만 아니라 관련 교육을 하는 데에도 유용하게 쓰인다. 실제 현장에 가지 않아도 현장에서 실습을 하는 듯한 상황을 연출해 몰입감을 높인다. BMW는 엔지니어 교육에 이러한 증강현실 기술을 도입했다. 이러한 교육은 숙련된 작업자가 아닌 초보 작업자가 투입되기엔 위험하거나, 재료비로 인해 많은 실습을 진행하기 어렵다거나, 실제 작업 시 불편하거나 특별한 장비를 착용해야 할 때 특히 효과적이다.

또한 가상 조립(Virtual Assembly) 기술을 활용해 실습하는 사람이 조립하는 동작을 취하면, 센서가 이를 인식해 화면 속의 아바타가 똑같이 움직인다. 실제로 부품을 조립하지 않아도 가상세계를 통해 부품을 조립해보는 경험을 할 수 있게 된 것이다. 이 기술을 도입하기 이전에는 현장에서 일대일 교육을 진행해왔으나, 이제는 일 대 다수의 교육이 가능해졌다. 새로운 기술교육 방식으로 시간과 비용을 낮췄고, 교육 참가자들의 만족도도 높은 것으로 파악되었다.

메타버스 교육은 제품 완성 이후에 유지·보수를 하는 과정에도 도움이 된다. 작업자에게 태블릿 같은 장치를 통해 유지·보수가 필요한 부분을 정확하게 알려주고, 어떤 작업을 해야 하는가를 설명해주면 되기 때문이다. 만약 고객이 원거리에 있는 경우에는, 작업자가 자신의 사무실이나 집에서 증강현실 기술을 이용해 문제점을 정확하게 파악하고 해결책을 제시할 수 있다.

③ 우리는 스마트하게 디자인한다

현대 디자인 센터

(출처: 현대자동차)

현대자동차는 가상세계에서 디자인 회의를 열고 있다. 전 세계 각지에서 근무하고 있는 현대자동차 디자인 직원들이 각자의 아바타로 가상세계에 만든 '현대차 VR 개발 공간'에서 디자인 회의를 연다. 디자인에 관련된 회의를 할 때는 단순한 영상회의로는 정보 전달과 의사소통의 측면에서 한계가 있다. 하지만 가상세계에서는 서로의 아이디어를 설명하면서 부품 모양을 바꿀 수도 있고, 위치나 크기도 즉각적으로 조정이 가능하다. 시간적 혹은 공간적 제약이 없어 원하는 시간과 공간에 디자인된 자동차를 배치해볼 수도 있다.

④ 교육은 이제 소파 위에서

안락해 보이는 소파

(출처: https://sysdesign.co.kr/photo-review/baum-39/)

이렇듯 가상세계와 증강현실 기술은 작업 시간 단축, 품질 향상 그리고 효율적인 교육 등의 다양한 효과를 보여주고 있다. 그 효과로 생산 현장과 공장들도 발맞추어 변화하는 중이다. 어쩌면 머지않은 미래에 교육은 현장이 아닌 편안한 집이나 사무실에서 메타버스를 이용해 진행될지도 모른다. 우선, 안락한 소파부터 구매해야겠다.

03 내성적인 사람도 손쉽게 발표하는 메타버스 세계

1 영화 〈아바타〉의 실현?

영화 〈아바타〉

(출처: https://www.igoodnews.net/news/articleView.html?idxno=26458)

SF 영화계의 거장 스티븐 스필버그 감독이 만들어 2009년에 개봉한 영화 〈아바타〉에 등장하는 아바타들은 일종의 외계인이다. 영화 속에서 인간들은 그 외계인들과 기계를 이용해 정신적으로 연결된다. 연결된 외계인의 몸으로 인간들은 보고 듣고 느낀다. 영화 〈아바타〉 속 아바타는 요즘 메타버스 이야기에서 등장하는 아바타와는 사뭇 다르다. 그 이유는 사람이 연결되는 존재가 아무래도 '외계인'이라서 그렇다.

현재 널리 쓰이고 있는 아바타의 개념은 컴퓨터 디지털 세계에서 '나'의 역할을 하는 일종의 캐릭터다. 사실 굳이 따지자면, 영화 속 아바타와 메타버스 속의 아바타는 서로 유사하다. 어디에서 활동을 하든 내 의지로 무엇인가를 하기 때문이다. 그러니까, 메타버스에서는 여러 가지 요소들을 조작하고 변화시키기 위해 아바타를 조종해야 하며 사용자와 서로 상호작용을 해야 한다.

② 새로운 '나'는 디지털 휴먼

메타버스 플랫폼 '제페토'

(출처: 제페토)

메타버스의 시작은 곧 아바타를 만드는 것부터라고 할 수 있다. 아직까지는 현실의 '나'와 가상세계의 '나'를 완전히 일치시킬 수 없기 때문이다. 따라서 사용자들은 메타버스 속에서 성형외과 의사처럼 아바타를 자유롭게 창의적으로 디자인하여 플레이할 수 있다.

아바타에는 다양한 유형이 있는데, 최근엔 많은 사용자를 보유하고 있는 '제페토'의 아바타 유형이 인기를 끌고 있다. 제페토의 아바타는 단순하고 꾸미기

쉬운 유형의 아바타이다. 현실 세계에서 하기 힘든 색상의 머리스타일 혹은 옷차림, 심지어 피어싱 등의 개성 넘치는 아바타를 만들어 자신의 개성을 타인에게 뽐낼 수 있다.

③ '이름 없음' 명찰

SKT 메타버스 채용설명회

(출처: SK텔레콤)

이런 아바타 문화, 즉 디지털 휴먼으로 인해 발생하는 문제도 있다. 바로 '익명성' 문제다. 물론 인터넷 세상에서도 자주 거론되는 문제 중 하나이기도 하다. 메타버스 세상에서도 본인의 정확한 이름과 정보를 공개하지 않아도 되니, 폭언이나 성희롱 등의 문제들이 발생한다. 현재 법적으로 제재할 수단이 딱히 존재하지 않지만, 모든 기술이 발전하면 규제가 만들어져 정화되던 것처럼 메타버스도 그 과정일 것이다. 하지만 이러한 익명성의 문화가 긍정적인 효과를 불러일으키기도 한다.

기업들의 채용설명회나 학교의 과제 발표 등 자신감이 필요한 자리에서 빛이 난다. 최근 국내 대기업들은 메타버스 공간에서 아바타를 이용한 채용설명회를 개최했다. 현장에서도 동시에 진행되었지만, 대면 채용설명회에서 좀처럼 나오기 어려운 질문들이 비대면 채용설명회에서 다수 나왔다고 설명회 관계자가 설명을 덧붙였다. 아바타라는 익명성 문화로 인해 좀 더 과감하고 자신감 있게 사람들이 질문을 할 수 있었다고 판단한다.

아바타 대학 발표

(출처:
https://www.tu.ac.kr/automobile/sub05_05.do?mode=view&articleNo=50593&title=4%E
C%B0%A8%EC%82%B0%EC%97%85%ED%98%81%EC%8B%A0%EC%84%A0%E
B%8F%84%EB%8C%80%ED%95%99+%EC%84%B1%EA%B3%BC+%EB%B0%9C
%ED%91%9C+%28%EB%A9%94%ED%83%80%EB%B2%84%EC%8A%A4%29)

대학교의 발표 과제도 비슷한 양상이다. 기존의 줌(Zoom)과 같은 화상채팅 프로그램을 이용하는 것보다 아바타를 이용해 메타버스에서 진행하는 것이 참여도가 더 높았다. 채용설명회 때처럼 본인들의 의견을 드러내거나 질문하는 데에 과감해지고 자신감이 넘쳤다. 이는 대면수업 혹은 화상채팅과는 달리 얼굴이 드러나지 않아 사용자들이 부담감을 덜 느끼고 실수에 민감하지 않기 때문이다.

아바타를 이용한 채용설명회 및 대학 발표 과제에서 사용자들의 익명성을 통한 무례함은 거의 없었고 적극성과 자신감이 돋보였다. 이처럼 아바타에 대한 인식도 변하고 있다. 단순한 디지털 세상의 캐릭터에서 '나'의 또 다른 존재로 바뀌고 있는 것이다. 아바타에 대한 성숙한 인식이 메타버스를 더욱 유용하게 만들지도 모른다.

04 메타버스에서 범죄가 더 많다?

1 변태 아바타들

메타버스 게임 '퀴브이알'

(출처: https://store.steampowered.com/app/489380/QuiVr/)

2016년 미국에서는 가상현실에서 성추행을 당했다는 글이 화제가 되었다. 피해를 주장한 여성은 '퀴브이알(QuiVR)'이라는 가상현실 게임을 하면서 사건이 발생했다고 했다. QuiVR은 공포감, 희열감, 몰입감을 느낄 수 있는 좀비를 쓰러뜨리는 게임이다. 게임 속 여러 가지 모드 중 다른 사용자들과 함께 즐길 수 있는 '멀티 플레이어' 모드에서 사건이 발생했다.

팀원으로 배정된 한 사용자가 갑자기 여성 아바타의 가슴 부위를 주무르는 행동을 했다. 그녀는 실제로 예전에 성추행을 당했던 끔찍한 경험이 있었는데, 그때의 충격과 정신적으로 유사하다고 말했다. 이 일이 널리 알려져 언론에도 나온

뒤, 게임 퀴브이알의 개발자는 기술적 해법을 제시했다. 다른 이용자들에게 불쾌감 혹은 정신적 충격을 주는 이용자들이 있을 때, 아바타가 손으로 V자를 그리면서 팔을 뻗으면 자동으로 유저를 날려버리는 기능을 추가한 것이다.

국내에서도 언론을 통해 아바타 성희롱 사건이 사람들에게 알려졌다. 한 초등학생이 메타버스 공간 '제페토'에서 아바타 성희롱을 당했다. 그 공간에서 만난 남성 아바타가 초등학생의 여성 아바타에게 성희롱을 했고, 제페토에서 퇴장하게끔 만들었다. 또한, 다른 초등학생 이용자는 가상공간에서 스토킹을 당했고 몰래카메라도 찍혔다고 한다.

해외에서는 메타버스 플랫폼 속 성희롱에 관해 활발한 연구가 이루어지고 있다.

제시 폭스(Jesse Fox) 교수는 "성추행은 물리적인 것에 국한된 것이 아니라 언어적 요소만으로도 상대방이 고통을 호소하면 성추행이 성립되고, 메타버스 공간 내에서도 일어날 수 있다"라고 언급했으며, 캐서린 크로스(Katherine Cross)는 "가상공간이라는 개념 자체가 현실의 세계를 착각하도록 만든 것이기 때문에, 가상현실의 행동이 실제적인 행동과 연결되어 정신적인 반응이 나타나는 것"이라고 했다. 메타버스 산업을 이끌고 있는 크리스티나 밀리언(Kristina Milian) 메타 대변인은 "호라이즌 월드(메타 메타버스 플랫폼)에서 안전장치를 통해 좋은 경험을 가지기를 바라며, 끊임없는 UI(User Interface) 개선을 통해 유저들이 더 쉽게 플레이하고, 클린한 플랫폼을 만들어갈 것"이라고 발표했다.

기업 메타(Meta)가 운영하고 있는 메타버스 세계 '호라이즌 월드'

(출처: Meta)

미국의 온라인 소비자단체인 '섬오브어스(SumOfUs)'는 메타(페이스북)가 운영하고 있는 가상세계 '호라이즌 월드(Horison Worlds)'에서 성폭력과 혐오 발언 등이 심각한 문제가 되고 있다고 주장했다. 그들은 메타버스 세계에서 관리가 적극적으로 이루어지지 않아 문제가 되고 있는 행위들을 제대로 통제하지 않는다고 판단했다.

한 사용자는 다른 사용자가 그녀의 아바타를 더듬었다고 메타에 문제를 제기했지만 적절한 대응이 없었다고 주장했다. 다른 사용자는 접속 1분 만에 남성 아바타들이 그녀의 아바타를 단체로 성폭행했다고 밝혔다. 메타가 운영하는 다른 가상세계 '포퓰레이션 원(POPULATION ONE)'에서는 여성의 아바타를 두고 유사 성행위를 했다고 전했다. 이 밖에도 가상세계에서 인종 차별, 동성애 혐오, 폭력, 마약, 스토킹 등의 현실 세계의 범죄에 준하는 행위들이 빈번히 발생하고 있다.

기업 메타(Meta)가 운영하고 있는 메타버스 세계 '포퓰레이션 원'

(출처: Meta)

3 우리 미래는 우리가 지켜야지

기업 메타(Meta)의 CEO 마크 저커버그

(출처: Getty Images)

메타(페이스북)는 사용자들의 행동을 통제할 관리자를 두고 있지만, 그 숫자가 부족하고 실질적으로 개입하지 않는다고 한다. 또 사용자의 접근을 막거나 음소거를 하는 등의 기능은 있지만, 사용자를 처벌할 기능은 없다.

일련의 통계 자료에 따르면 초등학생, 중학생, 고등학생을 대상으로 조사한 결과, 50%에 육박하는 이용자들이 가상세계에서 사이버 폭력을 당했다고 한다. 현재 메타버스 관련 플랫폼을 가장 많이 사용하고 있는 주 세대는 Z세대, 즉 10대들이다. 아직 성인이 되지 않은 그들에게 이러한 피해는 치명적일 수 있다.

많은 기업들이 완전한 가상세계를 구현하기 위해 노력하고 있다. 아바타들에게 가해진 물리적 자극이 사용자들에게 전달될 수 있다면, 유해 행위는 더욱 치명적이다. 메타버스의 엄청난 현실감과 몰입감이 긍정적 영향을 일으킬 수 있는 것처럼, 부정적 영향 역시 진지하게 고려되어야 한다. 그래야 더욱 가치 있는 유산을 미래 세대에게 넘겨줄 수 있으니 말이다.

05 나도 아이언맨처럼 인공지능 '자비스'를 가질 수 있을까?

1 안경에서 만나는 '자비스'?

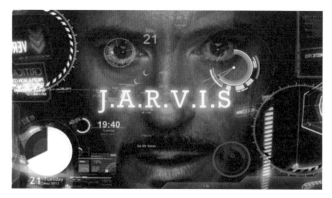

영화 〈아이언맨〉

(출처: 영화 〈아이언맨〉)

영화 〈아이언맨〉에서 인공지능(AI) 비서 '자비스'는 마치 전지전능한 신처럼 주인공 아이언맨의 모든 요구사항을 들어준다. 그러나 영화 개봉 당시 과학자들은 인공지능 비서 '자비스'가 기술적으로 불가능하다고 했다. 어떠한 어려운 디지털 암호도 뚫어버릴 수 있고, 데이터 처리 방식이나 속도 역시 기존의 방식으로는 한계가 명확하기 때문이다.

최근 메타버스 기술이 발전함에 따라, VR과 AR 기기 역시 많은 개발이 이루어지고 있다. AR 기술은 스마트폰으로 이용해왔지만 이 역시 변하고 있다. 현재 개발되고 있는 AR 기기는 안경 형태로 진화 중이다. HMD(Head Mounted Display)로 진화하고 있는데 HMD는 머리에 착용하는 화면 장치를 말한다.

구글 글래스

(출처: https://tech-plus.co.kr/62157)

그 예로, 구글이 2012년 '프로젝트 글래스(Project Glass)'라는 AR 장치 연구개발 프로젝트에서 내놓았던 '구글 글래스(Google Glass)'가 있다. 구글 글래스는 안경테 프레임에 사각형의 액정과 연산 장치가 부착된 형태로, 음성을 통한 제어가 가능하다. 구글 글래스는 출시 당시 2012년 최고의 발명품 중 하나로 선정되기도 했지만 대중화에는 실패했다. 비싼 가격도 문제지만, 안경 모양으로 제작하여 사람들의 구매를 이끌지 못했기 때문이다.

VR 기기 '오큘러스 2'

(출처:
https://blog.logitech.com/2020/09/16/logitech-g-and-astro-gaming-unveil-in-ear-h
eadphones-for-pc-mobile-console-and-vr-gaming/)

구글의 실패를 보며, IT 기업들은 구글 제품보다 더 대중성을 확보할 수 있는 제품을 개발하기 시작했다. VR 기기를 활용한 메타버스 사업의 선두는 페이스북이다. 페이스북은 2014년 VR 기기 개발업체 '오큘러스'를 약 2조 원에 인수했고, VR 기기 전용 플랫폼 '페이스북 호라이즌'을 테스트했다. 그리고 VR 기기 '오큘러스 퀘스트 2'를 출시하고 500만 대 이상 판매했다. '오큘러스 퀘스트 2' 출시로 페이스북은 VR 시장의 판도를 바꾸었다. 페이스북은 이탈리아 유명 안경 업체 룩소티카(Luxottica Group)와 협업한 VR 기기의 개발을 예고했다. 이는 곧 스마트워치처럼 사람들이 착용할 수 있는 웨어러블 장치가 될 것이라는 뜻이다.

③ 애플의 '자비스'

애플 글래스

(출처: https://news.nate.com/view/20200520n05670)

애플 또한 AR 글래스를 출시할 예정이다. 애플은 2020년 5월에 VR 스포츠, 엔터테인먼트 콘텐츠 스트리밍 스타트업 '넥스트VR(NextVR)'을 인수했다. 애플이 소프트웨어를 넘어 하드웨어 시장까지 장악하려는 움직임이라고 전해진다. 아니나 다를까, 애플은 AR 글래스용 자체 통합 칩 설계를 완료했고 현재 시험 생산을 준비 중인 것으로 알려졌다. 대용량 데이터 처리보다는 영상 처리에 최적화되어 있고, 웨어러블 기기에 맞게 부피와 무게를 줄이는 데에 초점을 맞췄다는 분석이다.

④ 삼성의 '자비스'

삼성전자 역시 AR 글래스 출시를 앞두고 있다. 공식 발표는 없지만 전문가들은 유출된 삼성전자 영상을 바탕으로 추측 중이다. 유출 영상에서 AR 기기는 일반적인 패션 아이템으로 활용되는 뿔테 안경과 유사한 형태다. 분석에 따르면, 증강현실 오피스와 홀로그램 전화, 증강현실 시뮬레이션 등의 기능이 있다고 한다.

5 강 넘어 강, 산 넘어 산

VR 기기

(출처: https://www.huffingtonpost.kr/asadal/story_b_15201904.html)

VR·AR 기기가 대중화되기 위해서는 해결해야 할 문제들이 많다. 사용자가 기기를 사용하면서 느끼는 어지러움, 기기의 무게, 착용감 등이다. 디스플레이 화질 문제와 배터리 용량도 문제로 꼽힌다. 이병호 서울대 전기공학부 교수는 "메타버스 시대를 위한 안경형 디바이스는 오랫동안 착용해도 부담이 없도록 눈의 피로도를 낮추는 게 중요하다"라면서 "디스플레이 성능 향상과 함께 눈동자의 초점 거리를 최적화할 수 있는 기술의 연구개발이 이뤄지고 있다"라고 말했다.

이에 따라, 디스플레이 업계도 VR·AR 맞춤형 디스플레이 개발에 박차를 가하고 있다. 삼성, LG 등의 대기업들도 준비 중이다. 몇 년 뒤에는 영화 <아이언맨>의 인공지능 '자비스'를 안경을 통해 만나는 것이 가능할지도 모르겠다.

CHAPTER

06 실제처럼 느끼는 리얼(Real) 메타버스!

1 실제처럼 느끼는 리얼(Real) 메타버스?

폴 매카트니 뮤직 비디오 'Find My Way'에 등장한 그의 젊은 시절 모습

(출처: 펄어비스)

일반적으로 알려진 메타버스 세계는 현실 세계를 동일하게 구현한 것이지만, 기술적 한계로 현재는 시각적인 요소에만 집중하고 있는 실정이다. 점점 감각과 관련된 메타버스 기술들이 발전하면서 청각을 포함해 촉각, 후각 그리고 미각까지 오감 전체를 느낄 수 있는 '리얼 메타버스(Real Metaverse)'가 가능해지고 있다. 메타버스 세계의 음식을 맛보고 향을 맡을 수 있으며, 옷의 질감을 느끼고 구매할 수 있게 된 것이다.

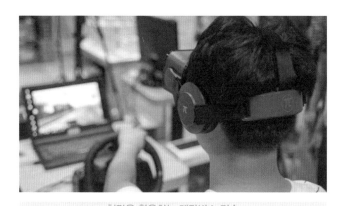

청각을 활용하는 메타버스 기술

(출처:
https://cryptopumpnews.com/ko/bitcoin-news/south-korea-to-invest-177-million-
directly-in-metaverse-platforms-2/)

먼저 청각 기술부터 살펴보자. 청각 기술은 녹음된 음원을 재생하던 것에서 분위기 또는 공간감을 느끼게 해주는 기술로 진화하고 있다. 홈 오디오 또는 멀티미디어 스피커 시스템을 헤드폰 하나로 재현하고 소리가 좌우를 넘어 상하까지 들리는 듯한, 즉 360도 공간 음향(Spatial Audio)이라는 기술로까지 발전했다. 공간 음향의 핵심은 웅장한 소리가 아니라, 위치에 따라 달라지는 소리가 핵심이다. 예를 들어 영화 속에서 자동차가 왼쪽에서 오른쪽으로 지나갈 때, 왼쪽과 오른쪽의 소리가 다른 경우가 그러하다.

이 기술을 메타버스에 적용하면 내 아바타의 위치에 따라서 소리가 다르게 들리므로 실감 수준이 향상된다. 내 귀가 향한 방향에 따라 소리가 다르게 들리는 기술은 몰입감을 위해서는 필수적이다.

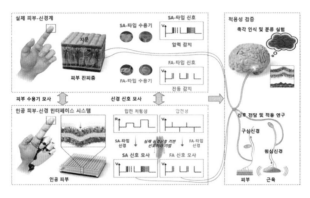

메타버스 기기와 촉각에 관련된 연구

(출처: KAIST)

시각, 청각 다음으로 주목을 받는 분야는 촉각이다. 현재는 머리에 쓰는 디스플레이, HMD(Head Mounted Display)를 이용하고 있으며, 현실적이며 완전한 몰입형 장치이다. 그래서 군사 훈련이나 직업 훈련에 많이 쓰인다. 특히 원격 작업을 위해서는 외부의 힘 전달 기술이 필요하고, 전해지는 충격을 실제로 내 몸으로 받는 것처럼 느끼게 해야 한다. 실제 상황과 같게 느껴지는 외부 반응이 없다면 효과가 떨어지기 때문이다.

머리에 쓰는 디스플레이 장치뿐만 아니라 장갑형 장치도 있다. 가상세계의 촉감을 사용자에게 그대로 전달해주며 실제로 만지는 듯한 느낌을 그대로 받을 수 있다. 온도와 질감은 물론, 빗방울이 떨어지는 것까지 느낄 수 있다고 한다. 장갑형태의 이 기기는 LED와 광섬유 센서를 이용해 손의 움직임과 압력까지 디지털 신호로 변환한다. 이 신호가 가상세계 안에서 아바타들의 움직임을 더욱 실감 나게 해준다.

메타버스 기술을 이용해 요리하는 장면

(출처: http://www.ainet.link/6632)

향기를 재현하거나 전달하려는 시도는 예전부터 진행되었다. 미국 GE가 최초의 영상 향기 전달 시스템인 스멜오라마(Smell-O-Rama)를 개발했을 때가 1953년이다. 이 기술을 통해 이미지에 맞춰 향기를 뿌리기는 쉽지만 제거하는 것에는 한계가 있었다. 그렇지만 향기는 보이지 않게 분위기를 만들고, 그 분위기를 기억하게 하는 장점이 있다. 디즈니랜드 안에 스멜리처(Smellitzer) 같은 향수 분사 기계가 많이 설치된 이유이기도 하다.

2017년 일본 기업 바크소(VAQSO)는 메타버스에서 향기를 느낄 수 있는 VR 기기를 소개했다. 냄새 카트리지를 HMD에 장착하는 것인데, 다섯 종류의 향만 선택할 수 있다.

3D 푸드 프린터

(출처: Natural Machines)

미각 부분도 발전 중이다. 메타버스에서 맛을 느낀다면 정말 메타버스라기보다는 <매트릭스>에 가깝겠다. 이와 관련된 기술로 혀에 전기, 주파수 등의 자극으로 맛을 구현한다고 한다. 일본 메이지 대학교 연구원 미야시타 호메이가 만든 노리마키 신시사이저(Norimaki Synthesizer)는 다섯 가지 맛의 젤형 물질이 담긴 통을 혀에 대어 다양한 맛을 볼 수 있는 기기를 개발했다고 한다.

기기를 직접 혀에 닿게 하는 게 별로라면, 음식을 실제로 찍어내는 3D 푸드 프린터는 괜찮을 듯하다. 아직 상용화는 되지 않았지만, 곧 메타버스에서 음식을 주문하고 집에 있는 3D 프린터로 요리를 출력해서 먹는 날이 올지도 모르겠다.

07 메타버스 주인공은 아바타

1 나의 분신, 아바타

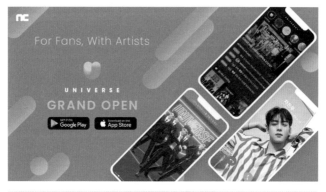

메타버스 플랫폼 '유니버스'

(출처: 엔씨소프트)

메타버스 세계에서는 아바타가 곧 사용자의 디지털 분신이다. 즉, 사용자들의 정체성을 대변해준다. 국내에서는 엔씨소프트와 네이버가 각각 K-Pop 플랫폼인 '유니버스'와 '제페토'를 출시하며 메타버스 세계를 더욱 확장시켰다. 부자연스러운 아바타, 접속이 원활하지 않은 스트리밍 등 기술적 문제가 있었으나 기술 안정성은 계속 발전하고 있다.

가상인간 '알리자 렉스'

(출처: 인스타그램 @alizarexx)

2018년 미국 LA의 인공지능 스타트업인 네온 프로덕션은 인공지능과 증강현실 기술에 기반해 제작된 가상 캐릭터, 알리자 렉스(Aliza Rexx)를 소개했다. 현재 렉스는 인스타그램 팔로워 20만여 명을 보유하고 있으며, 패션 및 뷰티 마케팅 부분 SNS 인플루언서로 활약 중이다. 최근에는 미국 유명 가수이자 모델인 매드(MAAD)와의 인터뷰도 직접 진행했는데, 수준 높은 질문으로 인터뷰했고 매드의 답변에는 다채로운 표정과 몸짓으로 반응하여 가상 캐릭터라는 것을 잊게 했다. 또한 앞으로는 음악 엔터테인먼트 시장 또한 넘볼 것이라고 전했다.

가상인간 '알리자 렉스'

② Z세대를 공략하라!

Z세대

SNS를 주도하는 세대는 소위 Z세대다. Z세대는 1997년부터 2012년 출생한 사람들을 뜻한다. 이들은 기존의 텍스트와 사진 공유가 주를 이루는 SNS 플랫폼인 페이스북·트위터·인스타그램 등을 지나, 인공지능·AR·VR 기술에 기반을 둔 3차원 SNS로 많이 이동했다. Z세대는 3D 사이버 공간, 즉 메타버스에서 친구와 대화하며 최신 유행을 이끌고 다양한 경험을 하며 새로운 트렌드를 주도하고 있다. 우리나라를 포함한 전 세계 통계에 따르면, 메타버스 사용자의 약 60%는 Z세대라고 하고, 전 세계 Z세대의 거의 87%에 육박하는 수가 매일 또는 그와 비슷하게 컴퓨터 게임을 한다. 정말 어마어마한 숫자다.

스마트폰에서 VR 기기까지 다양한 장치들을 이용해 접속할 수 있는 메타버스 세계에서, 많은 사람들은 동시에 접속해 상호작용을 하고 게임도 하고 콘텐츠를 직접 제작해 NFT를 만들어 직접 수익도 창출할 수 있다. 이 모든 것들을 위해서는 '아바타'가 반드시 필요하다. 메타버스가 디지털 문화와 많은 사람들을 사로잡고 있는 지금, 메타버스의 '아바타' 역시 중요하게 거론되고 있는 이유다.

메타버스 플랫폼 '제페토'

(출처: 제페토)

특히 패션 업계에서는 메타버스 세계를 주도하는 Z세대가 본인들의 개성을 드러내는 것을 중요하게 생각한다고 판단하여 Z세대 맞춤 전략을 세웠다. 예를 들어, 메타버스 플랫폼 제페토는 유명 아이돌이나 명품 패션 아이템 등을 메타버스 세계에 그대로 재현해 아이돌 공연 및 사인회를 열거나 실제 명품 아이템들을 판매하기도 한다.

③ 나의 주민등록증, 아바타

메타버스 아바타를 이용한 화상회의

(출처: 마이크로소프트)

이처럼 아바타는 메타버스 세계에서 필수적이다. 메타버스 플랫폼 중 하나인 '로블록스'의 창업자도 메타버스 세계에서 아바타는 필수 요소라고 하면서 이는 곧 우리를 증명하는 수단의 역할을 한다고 했다. 우리가 인터넷에서 계정(아이디)을 만들듯 메타버스를 이용하려면 아바타를 생성해야만 한다.

메타버스 세상에서는 모든 사용자가 아바타로 자신을 나타낸다. 아바타가 곧 '나'이고, 내가 바로 '아바타'이다. 그래서 아바타를 최대한 꾸며 '나'의 개성을 표현하려고 한다. 이렇듯 아바타는 메타버스 세계에서 일종의 '나'의 표현 기능이다. 우리는 마우스, 터치패드, 조이스틱과 같은 장치로 아바타를 조종하지만, 실제 상호작용은 아바타를 통해 실제 사람들이 느낀다.

사실 아바타를 따로 등록하지 않고 1인칭으로 메타버스 세계에서 활동할 수도 있다. 하지만 메타버스 세계에서 존재감과 소속감을 구현하고 부여하는 데에는 3인칭으로 제작된 아바타를 이용하는 것이 더 낫다. 계속 강조하는 '몰입감' 때문이다.

④ 현실에서 벗어나고 싶으면?

메타버스 아바타

(출처: https://graphguide.org/ko)

메타버스 사용자 중 약 30%는 일상에서 도피하기 위해 메타버스 플랫폼을 이용한다고 했다. 예를 들어, 현실 세계에서 흔히 존재하는 성별 차이, 신체적 특성,

종교적 배경 등의 차별들이 메타버스 세계에는 없다. 아바타를 통한 메타버스 세계에서는 모두 대등한 위치니까 말이다. 이를 실현하기 위해 페이스북, 마이크로소프트 등은 메타버스 세계에서 최고의 3D 아바타 개발을 위해 노력하고 있다.

08 안 씻어도 아바타만 있다면 회의 가능!

1 화상회의를 위한 아바타 기술?

화상회의 프로그램 'EmbodyMe'

(출처: EmbodyMe)

코로나19 팬데믹으로 인해 회사 회의가 비대면 방식으로 많이 진행되었다. 위드코로나 이후에도 기업과 공공기관에서는 화상회의 기술을 더욱더 적극적으로 활용하고 있고, 데이터가 쌓이면서 화상회의 프로그램 기술도 점점 발전하고 있다. 일본 도쿄의 스타트업에서 만든 임바디미(EmbodyMe)는 AI를 활용해 더욱 세련되고 인상적인 이미지를 보여줄 수 있는 화상회의 앱이다. 사용자가 어떤 옷을 입고 있든 정장을 입은 것처럼 화면에 보여준다. 사용자는 임바디미의 앱을 다운로드해서 화상회의에 사용할 사진을 앱에 올리면 된다.

임바디미는 2020년에 베타 버전을 먼저 출시했고, 반응이 폭발적이자 정식 앱을 내놓았다. 기본 기능은 무료로 사용이 가능하고, 녹음 및 기타 기능을 사용하려면 한 달에 약 1만 원의 요금을 지불하면 된다. 임바디미 앱은 사용자의 얼굴에 있는 5만 개의 서로 다른 지점을 3D로 추적한다. 추적한 점들을 바탕으로 얼굴 표정의 변화를 감지하고 데이터로 바꿔 이미지로 표현한다. 만약 화상회의가 많은 사람이 이 기능을 적극 활용한다면 불편한 의상을 입지 않아도, 편안한 자세로 오랜 시간 업무가 가능하다.

② 점점 단순해지는 아바타?

애플 미모지

(출처: Apple)

화상회의에서 사용되는 아바타 기술은 매우 높은 수준으로 발전하고 있지만, 메타버스 속 아바타들 모습은 점점 단순해지고 있다. 소위 '대두'라고 불리는 유형인 얼굴이 돋보이는 형태로 제작되고 있는 것이다. 최근 트렌드는 현실감 있는

8등신의 아바타들에서 4~5등신의 귀여운 아바타로 바뀌었다. 특히, 얼굴의 형태나 표정에 포커스를 맞춰 출력해준다.

AR 기술과 3D 기술의 발전으로 이용자의 얼굴 형태나 표정까지도 아바타를 이용해 표현할 수 있게 되었다. 애플은 사용자가 자신의 얼굴을 흉내 내 만든 미모지(Memoji)에 표정을 녹화해 이모티콘을 제작할 수 있도록 했다. 애플은 미모지 이전, 아이폰X를 출시하면서 유저가 표정을 짓게 되면 동물의 얼굴로 바꿔 출력이 되는 애니모지(Animoji)를 개발한 바 있다. 따라서 사용자가 글을 이용한 채팅이나 음성 채팅만으로는 완벽하게 전달하기 어려운 감정들도 아바타를 통해 전달할 수 있게 되었다. 다만, 갤럭시의 AR 이모지는 모든 메시지 앱에 호환되어 사용되지만, 미모지는 아이폰 사용자들끼리만 주고받을 수 있다는 한계가 있다.

아바타 미러 기능
(출처: https://sojoong.joins.com/archives/42587)

제페토 역시 AR 기술을 이용해 사용자의 얼굴 인식 기능을 제공한다. 사용자의 표정까지 자연스럽게 따라 할 수 있어 '미러 기능'이라고 불리는데 이 기능의 발전에 따라 아바타의 전체적인 모습이 얼굴을 강조하는 모습으로 제작되고 있다. 인간의 여러 가지 표정들을 아바타로 표현할 수 있게 되면서, 아바타는 점점 '나' 자신이 되어간다. 그래서 요즘 제작되고 있는 아바타들은 더 멋지고 예쁜 아바타를 만드는 것보다 더욱 '나'와 같은 아바타를 만드는 것에 초점을 맞추고 있다.

3 우리 같이 소통해요

이렇게 '나'를 표현하는 아바타를 이용해 사용자들은 다른 사용자들과 대화도 하고 친구도 된다. 즉, 소통을 하고 관계를 맺는다. 메타버스라는 가상의 세계에서 만난 사용자지만 아바타를 통해 사람과 같은 하나의 인격체 간의 관계를 형성한다. 이러한 과정에서 커뮤니티도 만들어진다. 서로의 모습을 볼 수 없는 일반적인 인터넷 채팅에서 만들어진 커뮤니티보다 아바타를 통해 만들어진 커뮤니티가 더욱 강력한 힘을 발휘한다.

메타버스 커뮤니티

(출처: https://www.wedesignx.com/knowledge/wdx-metaverse)

아바타를 통해 커뮤니티가 형성된다고 하는데, 과연 현실 세계에서의 커뮤니티보다 더욱 강력할까? 미국 도시사회학자이자 웨스트 플로리다 대학교(University of West Florida) 사회학과 교수인 레이 올덴버그(Ray Oldenburg)의 말을 참고하면, 메타버스는 '제3의 장소(The Third Place)'로서 그 역할을 하고 있다고 한다. 즉, 사람들이 아바타를 이용해 사회적 유대를 유지하면서 '자신'을 찾을 수 있는 공간이라는 것이다.

레이 올덴버그가 말하는 제3의 공간은 교통·레저·문화·휴식 공간 등을 뜻한다. 제1의 공간인 집이나 제2의 공간인 직장이 아닌, 한 사람이 마음 놓고 이야기하고 쉴 수 있는 공간을 일컫는다. 유대를 쌓고 자신을 찾는 공간이다. 현대 사회에 지친 사람들에게 휴식과 위안을 줄 수 있는 이 제3의 공간이 바로 메타버스라는 것이다. 바쁘고 피곤한 일상에서 벗어나 메타버스에 접속해 편안하게 친구들을 만나고, 본인의 아바타를 조종해 원하는 것을 모두 이룬다. 이런 점들이 사람들을 메타버스로 이끄는 이유이다.

09 메타버스에서 돈 버는 방법

1 '메타버스 AR 크리에이터'라고 들어봤니?

메타버스 제작 플랫폼 '제페토 스튜디오'

(출처: 제페토 스튜디오)

'메타버스 AR 크리에이터'는 메타버스 세계가 널리 알려지면서 떠오르는 새로운 직업이다. 이 직업이 하는 일은 메타버스 세계에서 아이템을 사고파는 경제활동을 하거나 아바타에 적용할 AR 필터를 직접 만들어서 판매하는 것이다. 제페토라는 메타버스 플랫폼에서 크리에이터가 가장 많은 활동을 하고 있고, 패션아이템과 건물 그리고 드라마까지 제작하고 있다.

메타버스 제작 플랫폼 '제페토 스튜디오'
(출처: http://www.unitysquare.co.kr/madewith/industry/view?bidx=2&idx=232)

국내 메타버스 플랫폼에서 크리에이터 활동이 가장 많은 곳은 '제페토'이다. 제페토의 크리에이터는 아이템 크리에이터, 월드맵 크리에이터, 제페토 콘텐츠 활동을 하는 인플루언서 등으로 구분된다. 제페토에서는 누구나 아이템을 만들 수 있고 3D 월드, 아바타 의상 등을 제작해 판매할 수 있다. 크리에이터로 등록해 직접 제작한 아이템을 팔면 판매 수익의 일부를 가상화폐인 '젬'으로 받는다. '젬'이 일정 금액을 넘기게 되면 실제 화폐로 전환할 수도 있다. 제페토에서 아이템을 만드는 크리에이터들이 가장 활발한데, 그중 1세대 크리에이터라고 알려진 '렌지'는 월 1500만 원 정도의 수익을 내는 것으로 알려졌다.

메타버스 게임 '로블록스'

(출처: blog.roblox.com)

또 다른 플랫폼인 '로블록스'의 게임 제작 도구인 '로블록스 스튜디오'를 이용해서 사용자들이 수익을 낸다. 로블록스는 일종의 게임 플랫폼으로, 무료인 게임도 있지만 유료인 게임도 있다. 사용자들이 직접 게임을 제작해 다른 사용자들에게 판매하는 구조이다. 2021년 갓 스무 살이 된 미국인 청년 이든 가브론스키는 한 달 만에 본인이 만든 게임으로 약 5500만 원의 수입을 올렸다. 그는 게임을 직접 코딩 및 디자인하여 판매하고, 추가로 의류와 무기도 판매함으로써 추가 수익을 올렸다.

같은 맥락에서 플랫폼 '더 샌드박스(The Sandbox)'에서도 사용자들이 직접 제작에 참여하는 시스템을 강조하고 있다. 더 샌드박스는 사용자들이 직접 콘텐츠를 제작할 수 있는 '복셀 에디터', '게임 메이커' 등의 툴을 제공하고, 여기서 만들어진 콘텐츠의 소유권을 블록체인 기술을 바탕으로 사용자들에게 부여하고 있다.

인스타그램 필터

(출처: https://visla.kr/news/etc/98936/)

    메타버스 크리에이터만큼 주목받고 있는 직업은 바로 AR(증강현실) 필터 크리에이터이다. AR 크리에이터는 인스타그램, 스노우, 틱톡 등의 SNS에서 카메라 기능에 활용하는 특수효과를 제작한다. 스노우의 AR 필터를 만드는 크리에이터는 약 500만 명이 넘는다고 한다. 젊은 세대에게 AR 필터는 일종의 놀이와도 같다. 따라서 AR 사용자들은 계속 늘어날 것이고 더욱 다양한 AR 필터가 필요한 만큼, AR 필터 크리에이터도 더 늘어날 것이다.

국내 크리에이터 관련 앱들

(출처: https://maily.so/mail/posts/c089cb)

위에서 살펴보았듯, 메타버스에서는 크리에이터에 의한 일종의 경제 시스템
이 작동되고 있다. 크리에이터들이 플랫폼에서 본인 스스로 경제적인 활동을 하
면서 그 규모가 커져 하나의 시스템을 이룬 것을 '크리에이터 이코노미(Creator
Economy)'라고 부른다. 유튜브 또한 대표적인 크리에이터 이코노미의 한 종류이
다. 일정 구독자 수와 영상 조회 수를 넘기면 크리에이터에게 수익을 배분해주기
때문이다.

메타버스 플랫폼에서 사용자들이 직접 제작한 아이템들 또는 콘텐츠들이 현
실 세계의 돈이 되어 돌아오는 구조가 되면서, 더 많은 사용자들을 플랫폼으로
끌어오는 긍정적인 효과를 만들고 있다. 크리에이터 이코노미는 방금 언급한 유
튜브뿐만 아니라 블로그나 웹툰 시장에서도 그 효과를 인정받았다. 누구나 블로
거가 될 수 있고, 누구나 만화를 그려 인터넷에 올릴 수 있다. 그 인터넷이 플랫폼
이면 수익 또한 올릴 수 있다. 굳이 전문적으로 학습하지 않아도 본인의 재능을

이용해 경제적인 활동을 할 수 있는 공간이 바로 메타버스다. 특히 자신들의 개성을 자유롭게 드러내는 것을 좋아하는 Z세대가 등장하면서 메타버스 세계는 더욱 확장되고 있다.

(출처: 디바제니 Deeva Jenny 유튜브)

크리에이터 이코노미의 효과를 뒷받침해주는 여러 통계가 있다. 미국과 영국의 2019년 조사 결과에 따르면, 8~12세 어린이들 가운데 약 30%가 장래희망으로 유튜버를 비롯한 브이로거(Vlogger)를 희망한다고 한다. 우리나라도 예외는 아니다. 한국의 초등학생 장래희망 3위가 크리에이터이다.

내가 하고 싶은 대로 할 수 있는 공간인 메타버스, 만들고 싶은 대로 만들어볼 수 있는 제작 시스템 그리고 '나'를 나타내는 아바타. 이 세 가지가 메타버스 세계에서 사회적, 문화적 그리고 경제적 활동을 가능하게 하면서 서서히 완전한 세계로 변하고 있다. 정말 두 세계가 공존할 수도 있겠다.

10 메타버스에서 어떻게 돈 버냐고? 내 아바타로 돈 벌지!

1 D2C → D2A

메타버스 플랫폼 '제페토'와 화장품 브랜드 '에뛰드'의 협업

(출처: 에뛰드)

오픈마켓, 백화점을 거치지 않고 기업들이 소비자에게 직접 판매하는 D2C(Direct To Consumer) 시대를 지나 가상세계의 아바타들에게 직접 다가가는 D2A(Direct To Avatar) 시대가 열렸다. 다시 말해, 기업이 아바타용 제품을 준비하고 사용자들은 아바타를 위해 구입하는 형태다. 미국 유명 경제지인 <포브스(Forbes)>에 의하면, D2A 시장 규모는 2017년에 약 33조 원으로 형성되었고 2022년에는 약 56조 원에 이를 것이라고 한다. 이 시장은 플랫폼 입장에서도 좋

은 일이다. 외부(기업)에서 아바타를 위한 의류를 포함한 아바타를 제작해서 가져다주니 플랫폼은 그저 공간만 빌려주면 되는 셈이다. 심지어 수수료까지 받으면 금상첨화다. 그러면서 플랫폼 사용자들이 즐길 수 있는 콘텐츠가 다양해지는 효과도 있다.

② 고객 맞춤? 아바타 맞춤!

게임 '리그 오브 레전드' 캐릭터

(출처: 라이엇 게임즈)

이제 이쯤이면 아바타도 크리에이터 이코노미(Creator Economy)에서 중요한 요소인 것을 알았다. 메타버스 사용자들에게 개성 넘치는 아바타는 '나'를 표현하는 수단이다. 아바타의 외형을 꾸밀 수 있는 의상이나 아이템들을 스킨(Skin)이라고 한다. 아바타를 생성하는 것은 무료지만 아바타를 본격적으로 꾸미는 스킨을 구매하게 되면 비용이 발생한다. 기본 아바타는 티셔츠 한 장과 바지 하나가 전부다. 현실 세계에서도 그렇게만 입고 살 수는 없을 것이다.

'싸이월드'와 같은 SNS에서는 배경, 가구, 의상 그리고 배경음악을 도토리로 구입해 사용자의 홈페이지를 꾸미곤 했다. 해당 시스템이 메타버스 세계에도 그대로 적용되고 있다. 최근의 한 예로, 유명한 게임인 '리그 오브 레전드(League of Legend)'에서 스킨을 판매하고 있다. 스킨을 구입한다고 해도 게임 속에서 캐릭터의 기술이나 능력이 향상되지는 않는다. 겉모습 정도만 바꿔주지만 게임 이용자들은 본인의 캐릭터에 개성을 더하고 싶어 하기 때문에 스킨을 구입한다. 실질적인 능력치 상승은 없지만, 캐릭터의 외형이 변화하기 때문에 자주 본 캐릭터가 아닌 생소한 장면을 보기 때문에 상대방의 대응 능력이 감소한다고 했다.

게임 속 모든 캐릭터는 140개 이상이고, 모든 캐릭터의 스킨을 구매하려면 대략 500만 원 정도가 필요하다. 게임의 운영사인 라이엇 게임즈(Riot games)는 2020년에 1000번째로 출시한 스킨의 수익금을 전액 기부했는데, 그 금액만 무려 약 72억 원이라고 한다. 고작 스킨 한 개의 판매 가격이다.

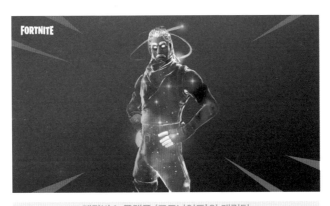

메타버스 플랫폼 '포트나이트'의 캐릭터

(출처: 포트나이트)

메타버스 플랫폼에서도 스킨 구입이 활발하다. 플랫폼 '포트나이트'의 경우 한 달 평균 스킨 판매 금액이 약 8조 원에 이른다. 스킨은 메타버스 플랫폼에 돈을 벌어다 주지만, 메타버스 사용자들에게도 수익을 창출할 수 있게 해준다. 플랫폼 '마인크래프트'에서는 사용자들이 직접 스킨을 제작해서 다른 사용자들에게 판매할 수 있다. 또 다른 플랫폼인 '제페토'에서도 가능하다. 이 과정에서 아바타 전문 의류 디자이너라는 새로운 직업도 생겨났다.

③ 가장 적극적인 패션업계

메타버스 게임 '마인크래프트'
(출처: https://www.koreaminecraft.net/skin/1381452)

D2A 시장에 가장 적극적인 업계는 패션 분야다. 메타버스 세계는 그 자체로 새로운 시장일 뿐만 아니라 젊은 세대에게 패션 브랜드를 각인시키는 데에도 효과적이라는 판단 때문이다. 추가적으로 2025년이 되면 세계 명품 소비의 절반 정도가 지금의 Z세대로부터 발생할 것이라는 전망도 있다고 한다.

패션 브랜드 '발렌티노'의 메타버스 세계

루이비통은 게임 '리그 오브 레전드'와 협업해 의상과 트로피를 디자인했다. 구찌는 게임 '테니스크래시'와 콜라보해 의상을 제작했다. 마크제이콥스와 발렌티노는 닌텐도 게임 '모여봐요 동물의 숲'에서 패션쇼를 했다. 버버리는 서핑 레이싱 게임인 '비서프(B-Surf)'를 직접 제작했는데, 이 게임에서는 버버리 옷만 입고 경주해야 한다.

현실 세계의 명품은 메타버스 속의 명품보다 비싸다. 메타버스 세계에서는 적은 돈으로도 명품을 구매할 수 있다. 주머니 사정이 넉넉지 않을 때 저렴한 사치품을 구매하는 '립스틱 효과(Lipstick Effect)'처럼 메타버스 세계에서 저렴한 명품을 구매할 가능성이 크다고 본다. 이를 가능하게 하는 것이 메타버스의 디지털 트윈(Digital Twin)이다. 현실을 똑같이 재현한다는 메타버스의 특징 때문에 사용자들이 지갑을 연다는 분석이다. 단순하게 소유만 하는 것이 아니라, 본인들의 정체성을 나타내기 위해 소비하는 새로운 경향인 D2A 시대가 왔다는 뜻이다.

11 | 메타버스 배워서 남한테 주나?

1 메타버스 어디서 배우지?

메타버스 관련 온라인 강의

(출처: Class101)

　요즘 많이 생겨나고 있는 온라인 강의 플랫폼인 클래스101, 탈잉, 인프런 등은 높은 성장률을 보이며 성장하고 있다. 이러한 온라인 강의 플랫폼들은 코로나19로 인해 비대면 생활 방식으로 바뀐 사회에서 자신들의 콘텐츠를 팔아 경제적인 이익을 취하고 싶은 사람들의 요구가 더해져 관심이 뜨겁다. 메타버스에 관한 콘텐츠 강의들도 많다. 이미 세상에서 메타버스 바람을 넘어 열풍이 불고 있다는 뜻이다. 그래서 많은 사람들이 메타버스를 배우려고 한다. 단순한 게임이나 소통의 공간을 넘어 이미 거대한 경제적인 활동을 하는 곳으로 자리를 잡은 메타버스에서 또 다른 기회를 노리고 있다.

② 메타버스 배워서 뭐 해?

유튜브

(출처: https://news.sbs.co.kr/news/endPage.do?news_id=N1005572489)

　메타버스는 쌍방향 세상이다. 사용자들이 일방적인 서비스를 받는 것이 아니라, 제작 과정에도 참여할 수 있고 다른 사용자들에게 서비스를 제공할 수 있으니 말이다. 그래서 메타버스에서 활동하는 사용자들을 둘로 나눌 수 있다. 메타버스 세계에 접속해 그냥 즐기는 사람들과 메타버스 세계에서 본인들의 콘텐츠를 제작해 판매 수익을 얻는 사람들. 물론, 두 가지를 다 하는 사용자들도 있을 것이다. 일반적으로 메타버스를 즐기는 사용자들은 플랫폼에 접속해 다양한 서비스를 즐기고, 다른 사용자들과 친구 관계를 맺고, 그들과 함께 재미를 느낀다. 경제적 기회를 찾으려는 사용자들은 자신의 능력과 기술을 활용해 다양한 콘텐츠를 공급한다. 메타버스가 아닌 다른 플랫폼에서는 블로거 또는 유튜버들이 되겠다.

메타버스 관련 온라인 강의

(출처: inflearn)

메타버스 세계에서 돈을 벌기 위해 사용자 혹은 곧 사용자가 되려는 사람들은 메타버스 스터디를 만들어서 공부를 한다거나 관련 온라인 강의를 수강하기도 한다. 강의 유형을 살펴보면, 메타버스 세계의 전반적 이해부터 메타버스 플랫폼을 만드는 제작 방법 강의, 메타버스 세계에서 사용되는 여러 가지 아이템을 만드는 방법을 알려주는 강의까지 있다. 국내에서 가장 많은 사용자들이 있는 '제페토'의 경우에는 더욱 상세한 강의들이 많다. 의류, 게임, 월드 등의 제작 디자인 기술에 관련된 강의들이 주를 이룬다.

메타버스 제작 플랫폼 '제페토'에서 만든 결과물

(출처: https://nposchool.tistory.com/518)

콘텐츠 제작을 통해 경제적 이익을 얻은 메타버스 내의 사용자들은 본격적으로 이 행위를 본인들의 직업으로 삼으려고 한다. 전문적인 메타버스 크리에이터(Metaverse Creator)가 되는 것이다. 대표적으로는 '월드 빌더(World Builder)'가 있다. 그들이 하는 일은 메타버스 세계 안에서 열리는 각종 행사, 예를 들면 회의, 신입사원 교육, 채용박람회, 대학 축제 등을 위한 큰 공간을 제작하는 것이다. 현실 세계에서는 건축가라는 직업이 그러한 역할을 하는 것처럼, 메타버스 세계에서는 월드 빌더들이 이 역할을 한다. 즉, 메타버스 건축가이다. 그들은 현실 세계에서 의뢰를 받으면 해당 의뢰자의 콘셉트에 맞게 제작해준다.

또 다른 유망한 역할로는 메타버스 아바타 의류 디자이너가 있다. 메타버스에서 중요한 요소인 아바타를 사용자들의 개성에 맞춰 꾸밀 수 있게 해준다. 이런 아바타의 개성을 더 잘 표현하게 만드는 직업을 아바타 의류 디자이너라고 한다.

⑤ 전공은 필요 없다! 몸만 있으면 된다!

메타버스 관련 온라인 강의

(출처: Class101)

　메타버스에서 건축이나 의류 디자인을 한다고 해서 현실 세계에서도 그러한 전공을 해야 할 필요는 없다. 가장 많은 사용자들이 존재하는 메타버스 플랫폼인 '제페토'에는 '제페토 빌드잇'이라는 프로그램이 있어서 별도의 제작 프로그램이 필요 없다. 디자이너들은 '제페토 스튜디오'를 사용해서 의류를 제작할 수 있다. 메타버스 플랫폼에서 직접 제작 및 디자인 툴을 제공하며 이용 방법 역시 어렵지 않다. 게다가 2D와 3D 기능이 다 포함되어 있기 때문에 전문적인 디자인 역량이라든지 전공적인 지식보다는 오히려 창의성과 상상력이 더 요구된다. 키보드와 마우스를 사용할 튼튼한 두 손은 필수이다.

온라인 강의 플랫폼별 메타버스 강의 리스트	
클래스101	게더타운 클래스 제페토 클래스 이프랜드 클래스 더샌드박스 클래스 로블록스 클래스 3D 메타버스 제작 클래스
탈잉	메타버스 브랜딩 클래스 게더타운 클래스 NFT 클래스
인프런	게더타운 클래스 로블록스 클래스 제페토 클래스 NFT 클래스 3D 제작 클래스 유니티 클래스

12 │ 출근했는데 사무실이 없네?

1 어디로 출근합니까?

카카오 입구

(출처: donga.com/news/Economy/article/all/20220530/113703580/1)

카카오는 2022년 7월부터 주요 계열사에서 '메타버스 근무제'를 실시한다고 전했다. 카카오를 시작으로 다른 기업들도 그렇게 할 수 있을지는 우리가 눈여겨 봐야 할 점이다. 각자 다른 공간에서 업무를 하고 있다는 점에서 업무 처리 효율성이 떨어질 수도 있다. 그러나 메타버스의 기능으로 적당한 긴장감을 유지하며 일을 할 수 있다. 업계 설명에 따르면, 젊은 개발자 직원의 비중이 높은 회사들은 메타버스 원격근무를 도입하는 것이 추세라고 한다.

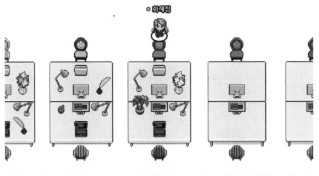

화장품 정보 앱 '화해'의 메타버스 세계

(출처: 화해 블로그)

카카오와 마찬가지로 화장품 정보를 알려주는 앱 '화해'를 운영하고 있는 기업 '버드뷰' 역시 메타버스 세계에서 출근을 한다. 업무용 메타버스 플랫폼인 '게더타운(Gathertown)'에 공간을 마련해 100명이 넘는 직원들이 출근을 하고, 회의도 하고 있다. 분기별로 진행하는 여러 가지 행사도 진행하고 있다고 한다.

사용자들은 자신의 아바타를 만들어 메타버스 사무실에 출근한다. 그리고 자신의 아바타를 움직여서 자리에 앉아 업무를 진행하면 된다. 회의가 있다면 회의실로 아바타가 이동하면 된다. 이동하다가 다른 사용자의 아바타와 가까이 붙게 되면 화상 채팅 기능이 활성화되어 화면에 얼굴이 나타난다. 그럼 사용자들끼리 자연스럽게 대화도 나눌 수 있다. 대화를 나누다가 아바타를 이동시키면 자연스럽게 소리도 멀어지면서 음성 대화가 자동으로 끊어진다. 가상의 세계지만 최대한 현실적인 느낌을 극대화하려고 했다.

'직방'의 메타버스 사무실

(출처:
https://www.chosun.com/economy/industry-company/2022/02/04/7QS2DOBKT5
DZ3LQ4I2BEB36BOM/)

부동산 중개 플랫폼 '직방'은 2021년 서울 서초동의 본사 사무실을 폐쇄하고 재계약을 하지 않았다. 300여 명의 직방 직원들은 매일 게더타운이라는 가상세계의 사무실로 출근한다. 코로나19로 재택근무가 장기화되는 상황에서, 현금 흐름 확보를 위해 사무실 임대료를 절약하고 직원들의 복지 및 서비스 측면도 신경써야 했기에 결정한 일이다. 그 모든 것들을 고려하였을 때, 메타버스 사무실인 게더타운으로 이전하는 것이 가장 합리적인 판단이었다고 전했다.

그 후 얼마 되지 않아, 직방은 기존에 이용하고 있었던 게더타운을 완전히 떠나 메타버스 업무공간인 '메타폴리스(Metapolice)'를 직접 제작하여 활용하게 됐다. 메타폴리스는 총 30층으로 이루어진 빌딩 형태로 제작되었고, 실제 기업 건물처럼 엘리베이터나 출입 게이트도 설치되어 있으며 직방은 4층에 입주했다. 메타폴리스 프로그램의 기능은 게더타운과 거의 흡사하다. 팀원들은 우선 직방이 자체 개발한 메타버스 플랫폼 '메타폴리스'를 설치하고 로그인하여 아바타를 생성한다. 본인들의 아바타를 이동시켜 사무실에 앉아 업무를 하고, 동료 직원들의 아바타에 접근하면 웹캠과 마이크가 자동으로 오픈되어 화상 및 음성 대화가 가능하다. 메타버스 사무실이 도입되고 2년이 지났지만 큰 무리 없이 진행되고 있는 것으로 보인다. 오프라인 사무실 이용 시 퍼포먼스와 비교하게 될 것이고, 성공적으로 경착륙되는 데이터를 보여주면 상당수의 스타트업들이 직방을 벤치마킹하여 메타버스 공간 내에 사무실을 구축하거나 임대할 것으로 보인다.

'롯데건설'의 메타버스 발대식

(출처: 롯데건설)

직방은 부동산 서비스뿐만 아니라 메타폴리스를 서비스하는 메타버스 기업으로도 탈바꿈하고 있다. 이러한 광경을 본 롯데건설이 메타폴리스를 도입하여 자사의 비즈니스에 활용하기로 했다. 롯데건설은 프롭테크(Proptech, Property + Technology) 건설 분야라는 혁신과 언택트 시대의 주거 문화를 선도하기 위하여 직방과 MOU를 체결했고, 양사가 보유하고 있는 기술을 공유함으로써 원원하는 모델을 구축하기로 합의했다. 구체적으로 ▲프롭테크 사업 추진 및 경쟁력 강화 ▲오프라인 디지털 갤러리와 메타버스를 활용한 공간 개발 ▲분양 광고 디지털 마케팅 강화 ▲프롭테크 활성화 등을 위해 협력한다. 특히 롯데건설의 아파트 브랜드인 롯데캐슬 브랜드관을 롯데백화점 대구점에 디지털로 전시할 예정 이다.

③ 이제 현실 세계의 사무실은 사라질까?

'직방'의 메타버스 세계

(출처: 직방)

가상세계의 사무실은 장점만 존재하는 것은 아니다. 일각에서는 부정적 측면 도 무시할 수 없다고 한다. 위정현 중앙대 전문경영학과 교수의 말을 끝으로 가 상세계 사무실의 미래를 한번 생각해보자.

"가상 오피스에서 실제 직원들이 모여 근무를 하는 것과 같은 느낌을 받을 수 있는 것은 의미 있다고 생각하지만, 메타버스 플랫폼과 E-Mail 시스템, 결재 시스템, 업무 공유 시스템 등을 연동하지 못하는 점을 고려할 때 과연 이를 가상 오피스라고 할 수 있을지 의문이다. 가상회의 중에는 몸짓 등 비언어적 소통이 이뤄지지 않아 실제와 같은 회의 느낌이 떨어진다. 이러한 점을 보완하지 못하면 직원들은 여전히 극심한 피로감을 호소하게 된다. 일부 기업들의 시도가 기업 근무 환경에 어떤 영향을 미칠지 지켜볼 일이다."

13 | 출퇴근 시간 절약하려면 IT 회사 입사

1 네이버 신입사원 교육은 각자 거주지에서 실시

네이버 메타버스 플랫폼 '그린팩토리'

(출처: https://sojoong.joins.com/archives/42587)

　네이버는 최근 신입사원들을 위한 교육을 메타버스 플랫폼인 '제페토'에서 진행했다. 코로나19 발생 이전에는 현실 세계의 연수원에서 머물며 체험 및 토론 활동을 해왔다. 대략 10일간의 신입사원 오리엔테이션 기간에 신입 개발자, 디자이너, 기획자, 경영지원 근무자 등 191명은 제페토로 출근 도장을 찍으며 서로 소통하고 미션을 수행했다.

　신입사원들이 회사에 방문하는 경험을 해볼 수 있도록 네이버 측은 메타버스 플랫폼인 제페토에 '그린팩토리(Green Factory)'를 제작해 선보였다. 가상세계의 단점인 현실감을 보완하기 위해 건물 내의 공간 배치에 가장 많은 공을 들였다고 한다. 예를 들면 건물 1층에는 현실 세계와 모습이 거의 흡사한 로비를 만들었고, 신입사원들을 위한 임시 사원증을 발급받을 수 있도록 따로 공간을 마련했다.

현대모비스 메타버스 플랫폼

(출처: https://www.hyundai.co.kr/news/CONT000000000004006)

또 다른 국내 기업인 현대모비스 역시 메타버스 플랫폼인 제페토를 이용해 신입사원 교육을 진행했다. LG디스플레이도 2021년에 신입사원 교육을 메타버스 회의 플랫폼인 게더타운에서 실시했다. 이 역시 마찬가지로 신입사원들은 각자 자신의 집에서 출근 도장을 찍었다.

컴투스 메타버스 플랫폼 '컴투버스'

(출처: 컴투스)

게임 개발사인 컴투스(Com2uS)는 사회·문화·경제 활동 등 개인 생활과 회사 업무 모두를 메타버스 세계에서 할 수 있도록 '컴투버스(Com2Verse)'를 만들었다. 컴투스는 컴투버스에 출퇴근 및 스케줄 관리, 회의 등의 기본적인 회사 업무와 근거리 화상 대화 기능 등을 추가함으로써 현실 세계와 비슷한 업무환경을 조성할 것이라고 한다. 이를 통해 2500여 명의 컴투스 직원들 역시 거주지에서 출근을 하면서 업무를 온라인으로 진행하게 되었다.

해외 부동산 기업 'eXp리얼리티'의 메타버스 'eXp월드'

(출처: https://www.virbela.com/customer-stories/exp-realty)

해외 부동산 기업인 eXp리얼리티(eXp Reality)도 전 직원이 메타버스 세계인 'eXp월드'에서 일하고 있다. 이 회사는 전 세계 13개국에 있는 7만 5000여 명의 직원이 한곳에 모일 수 있도록 하기 위해서 가상세계를 만들었다. eXp리얼리티 직원들은 eXp월드를 설치한 후 컴퓨터로 접속해 가상세계 사무실로 출근한다. 업무에 관해 궁금한 것이 있다면 근처에 있는 직원들에게 언제든지 물어볼 수 있다. 심지어 외부 고객들을 eXp월드에 초대하는 것도 가능하다.

메타(Meta)의 메타버스 플랫폼

(출처: 페이스북)

페이스북으로 이미 유명하지만 메타버스 분야로 눈을 돌린 기업 메타(Meta) 역시 메타버스 세계에 사무실을 만들었다. 기존의 PC용 협업 플랫폼 '호라이즌 워크룸(Horizon Workrooms)'을 개편해서 사용 중이다. '오큘러스 퀘스트2'라는 VR 기기를 착용하고 호라이즌 워크룸에 접속하면, 메타버스 가상 사무실로 들어가 다른 사원들과 소통하며 업무를 할 수 있다. VR 기기 사용으로 인한 피로에 대비해 일반 PC 모니터로 접속하는 것도 지원한다고 한다. 기업 메타는 전 세계 각국의 약 6만여 명의 직원들을 영구적으로 집에서 출근 도장을 찍게 했다.

국내 대기업인 KT도 메타버스 서비스 시장에 발을 내밀고 있다. KT의 메타버스 세계 이름은 아직 미정이나, '메타라운지'가 유력한 후보다. 기업 전용 메타버스 라운지를 공급하겠다는 의미로 해석된다. KT는 공공·교육·기업 등 다양한 주제를 다룰 것이고, 공간 꾸미기부터 업무 툴까지 고객 입맛대로 바꿀 수 있다는 점에서 다른 메타버스 세계와 구별된다고 한다.

서울 지하철 사진

(출처: 연합뉴스)

젊은 세대가 하는 게임이라는 인식에서 벗어나지 못했던 메타버스가 이제는 미래 업무공간으로 주목받고 있다. 기업들이 시간과 공간의 제약을 극복하고 유연하게 근무할 수 있는 메타버스의 장점을 파악하고 활용한 데 따른 성과라고 본다. 또한 메타버스 업무공간의 등장으로 관련 핵심 기술인 협업 플랫폼과 몰입감을 높여주는 기술도 함께 발전할 것으로 기대된다.

근로자들은 메타버스 업무환경을 통해 일과 가정의 균형 잡힌 일과, 해외에서도 가능한 업무 등의 효과를 얻었다. 기업은 사무실 임대비용 감소, 해외 우수 인재 유치 등의 효과를 거둘 것으로 기대된다. 무엇보다 가장 좋은 건 '출퇴근 시간 절약'이 아닐까 싶다.

14 | 메타버스에서 대학 다니면 학비를 조금만 내도 될까?

1 대학도 바뀌어야 할 때?

전남대학교 메타버스 세계

(출처: 전남대학교)

코로나19로 전 세계 사람들의 일상이 멈추면서 우리 사회의 여러 방면에서 많은 변화가 일어났다. 그중에서도 교육 부분의 변화가 가장 뚜렷해 보인다. 초·중·고 그리고 대학교까지 수업이 중단되었고 화상회의 프로그램인 줌(Zoom)을 이용해 수업을 대체하기도 했다. 학생들은 학교를 직접 가지도 않는데 입학금을 이전과 똑같이 내는 것에 의문을 제기했다. 게다가 학교에서 얻었던 수업 외적인 부분들을 더 이상 얻지를 못하는 것도 학생들의 가장 큰 아쉬움이었다. 친구들을 만나고, 동아리에 참여하고, 축제도 즐겼던 그날들을 그리워하고 있다. 심지어 2020학번 2년제 전문 대학교 학생들은 동기들과 교수님 얼굴을 한 번도 보지 못하고 졸업하는 사례가 발생하기도 했다.

이것이 바로 대학들이 메타버스로 진출하고 있는 이유다. 학교 입시 설명회와 신입생 환영회, 졸업식, 교내 행사 개최부터 강의 진행에 이르기까지 메타버스 플랫폼을 활용하려는 학교들이 늘어나고 있다.

2 대학교도 집에서 출석 도장을 찍을까?

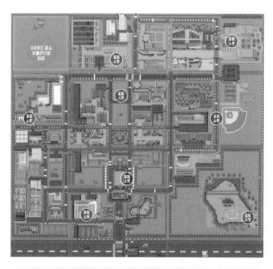

광주과학기술원 메타버스 세계

(출처: GIST)

메타버스로 진출하고 있는 기업들처럼, 대학교들은 아바타를 이용해 메타버스로 통학하려는 시도를 하고 있다. 광주과학기술원(GIST) 학생들은 '지스트 메타버스 가상 캠퍼스'를 직접 만들었고 그곳에서 다양한 행사를 진행했다. 지스트 관계자의 설명에 따르면, 실감 나는 캠퍼스를 만들기 위해 실제 캠퍼스 내 건물들과 정원, 조형물 등의 사진을 찍고, 컴퓨터를 통해 2D 이미지로 그린 후 메타버스 플랫폼인 '게더타운(Gather Town)'에 배치했다고 한다. 그리고 누구나 손쉽게 방문하고 서로 소통할 수 있는 공간을 만들겠다는 게 그들의 목적이라고 밝혔다. 앞으로 더욱 다양한 행사를 메타버스 캠퍼스에서 진행할 예정이라면서 그에 맞춰 기술 향상도 계속 이어나갈 예정이라고 했다.

전남대학교 메타버스 세계

(출처: 전남대학교)

전남대학교도 메타버스 가상 캠퍼스를 구축하겠다는 구상을 내놓았다. 메타버스 세계에서 '메타버스 캠퍼스 기획위원회'를 출범시켰고 현재 기술 여건을 파악해 단계별로 가상 캠퍼스를 구축해나가겠다고 한다. 가상 캠퍼스가 구축된다면 전남대 학생들은 집에서 출석 도장을 찍을 수 있을 것이다.

동신대학교 메타버스 세계

동신대학교는 메타버스 플랫폼인 '인게이지(ENGAGE)'를 활용해서 이미 수업을 메타버스에서 하고 있다. 학생들은 메타버스 세계에 접속한 후, 아바타를 이용해 강의실에 들어가 수업을 듣는다. 현장 강의처럼 학생들이 아바타의 손을 들어 교수에게 질문을 할 수 있고, 교수 또한 본인의 아바타를 이용해 질문에 답을 할 수 있다. VR 기기를 착용하면 야외 수업과 발표 수업도 가능하다.

메타버시티 사진

(출처: metaversity)

　교육 분야에서는 위에서 언급한 것처럼 현실 세계의 캠퍼스를 가상세계에 그대로 옮겨놓는 것을 넘어서는 시도도 있다. 완전한 메타버스 속의 학교를 구현하려고 하는 것이다. 이러한 상황을 일컫는 신조어 '메타버시티(Metaverse + University)'라는 단어도 생겼다. 메타버시티의 가장 큰 장점으로는 메타버스 세계의 '확장성'을 꼽는다. 즉, 시간과 공간 제약 없이 많은 학생들이 한곳에 모여서 수업을 들을 수 있다는 것이다. 이 점을 이용하면 차별 없고 한 단계 더 높은 수준의 교육을 제공할 수도 있다. 예를 들어, 메타버스 세계에서 진행되는 강의는 교수 아바타와 학생 아바타가 만나 3D를 이용한 보다 생생한 수업이 가능하다. 특히, 실험 또는 실습 과정에서 여러 가지 제약들이 사라질 것이다. 동시에 여러 학생들의 실험이 가능해질 것이고, 의과·공과 등의 학과에서는 아주 유용하게 실습을 진행할 수 있다.

숙명여자대학교 메타버스 강의 사진

(출처: https://www.sookmyung.ac.kr/bbs/sookmyungkr/67/147936/artclView.do)

이미 많은 대학들이 메타버시티를 만들어 강의를 진행하고 있다. 숙명여자대학교도 메타버시티를 활용해 창업 특강을 열었다. 숙명여대는 AI 기반 온라인 법률 자문 기업 '리걸줌(LegalZoom)'의 전 CEO인 존 서(John Suh)의 강의를 메타버스 세계에서 진행했다. 강의는 미국의 메타버스 스타트업 '스페이셜웹(Spatialweb.net)'에서 진행했고, 거기서 '숙명 버추얼 오디토리움'이라는 숙명여대 전용 강당과 같은 공간을 만들었다. 결과적으로 많은 학생들이 참여했다.

고려대학교도 SKT와 협약을 맺고 메타버스 플랫폼인 '이프랜드'에서 메타버스 강의를 진행하기로 했다. 국제교류, 사회봉사 등 비교과 활동에도 이 플랫폼을 활용할 계획이라고 한다.

15 | 메타버스에서 활개 치는 불법 복제

1 어떤 게 문제가 될까?

메타버스 관련 사진

(출처: https://byline.network/2021/12/30-147/)

디지털 지구라고 불리는 메타버스는 가상세계이다. 증강현실, SNS 그리고 온라인 게임 등 우리에게 이미 익숙해진 메타버스 세계들도 있다. 메타버스는 현실세계와 가상세계가 서로 영향을 주고받을 수 있으므로, 우리가 앞으로 살아가야 할 또 다른 사회가 분명하다. 그래서 우리 사회에서 발생할 수 있는 여러 가지 문제들이 메타버스 사회에서도 일어날 가능성이 있다. 메타버스는 강력한 새로운 인터넷 플랫폼 중 하나가 될 것으로 학자들은 예측하고 있다. 그렇다면 자연스럽게 현재 인터넷에서 발생하고 있는 여러 문제점들이 메타버스 세계에서도 발생할 수 있다.

불법 복제 관련 사진

(출처: https://www.seoul.co.kr/news/newsView.php?id=20200813500159)

메타버스 세계는 디지털 그래픽 기술로 만든 세계이기 때문에 디지털 정보 혹은 콘텐츠의 형태로 이루어져 있다. 이러한 특징이 여러 문제를 발생시킨다. 디지털 정보는 복제가 쉽다는 점을 악용하여 불법을 저지르는 사람들이 생겨나는 것이다. 심지어 디지털 정보의 특성 때문에 복제된 정보는 진짜와 구별하기가 어렵고, 누군가가 열심히 만든 콘텐츠를 아주 쉽게 복제해서 사용할 가능성이 크다.

메타버스는 전 세계 사람들이 사용할 수 있는 공간이므로 불법 복제한 사람을 찾아내는 것이 쉽지 않다. 개인과 개인의 문제를 넘어 기업과도 문제가 될 수 있다. 메타버스 사용자가 증가함에 따라 기업들은 소비자를 찾아 메타버스 세계로 올 것이다. 이러한 과정에서 메타버스에 들어온 기업과 개인의 저작권 문제도 발생한다. 기업의 제품이 메타버스에서 어떠한 기준도 없이 복제되어 다른 사람에 의해 팔릴 수도 있다. 의류, 신발, 액세서리뿐만 아니라 영상, 이미지까지 해당된다. 실제 세계에서는 저작권이 존재하지만 메타버스에서는 저작권 개념이 확립되지 않았기에, 악용되어 다른 개인이 저작권자의 동의 없이 수익을 창출할 수도 있다.

③ 두 번째 문제, '메타버스 공연 사용료'

메타버스 콘서트

(출처: https://newsroom.tiktok.com/ The Weeknd Experience(TikTok Live))

메타버스 세계에서 크게 관심을 받는 분야 중 하나가 공연이다. 새로운 플랫폼인 메타버스에서 이루어지는 공연 사용료가 어떠한 방법으로 측정되어야 할 것인지에 관해서 걱정의 목소리가 나온다. 새로운 미디어 매체가 나올 때마다 한국음악저작권협회는 사용료 징수 규정을 추가해 관련 업계와 갈등을 빚어왔기 때문이다.

메타버스와 같은 가상세계 플랫폼에서 진행되는 공연에 기존의 방법이 적용 가능할지 의문이 든다. 그동안 한국음악저작권협회가 관리하는 곡이 국내 공연에 이용되면 입장료 수익에 따라 일정 요율로 징수해 창작자들, 유통업체들 등에 분배하는 형식을 취해왔다. 그러나 2020년에 진행된 언택트 공연을 통해 발생한 사용료는 아직 징수가 완료되지 못했는데, 이는 공연 관객 과반수가 해외 이용자였기 때문이다.

 세 번째 문제, '사용자의 개인정보 보호'

메타버스 개인정보 빅데이터 사진

(출처: 삼성전자 블로그)

　최근 연애 관련 앱에서 사용자들이 주고받은 모바일 메신저 대화 내용을 활용해 인공지능(AI) 챗봇(채팅로봇)을 개발한 한 업체가 개인정보 침해로 문제가 된 사건이 있었다. 이 사건을 통해 디지털 세계에서 사업자가 사용자의 동의 없이 개인정보를 쉽게 이용할 수 있다는 것을 알 수 있었다. 메타버스 세계에서는 콘텐츠 제작자가 제공한 콘텐츠와 사용자의 개인정보 그리고 메타버스 내에서 주고받은 메시지 내용 등이 디지털 정보로 남는다. 이러한 데이터는 실시간으로 처리되어 운영 시스템을 개선하는 데 사용되거나 광고에 이용될 수 있다.

사용자를 속속들이 알아볼 수 있는 개인정보는 수집되어 마케팅과 같은 다양한 목적으로 활용될 수 있다. 개인정보 침해가 문제가 되는 이유다. 메타버스 세계 속에서 처리되는 다양한 개인정보가 누구와 공유되고, 어떤 목적으로 활용되며 그리고 어떻게 파기되는지를 확인할 수 없다는 점이 문제가 된다.

16 | 메타버스의 문제점을 보완할 NFT?

1 NFT란?

현재 판매 중인 NFT 작품들

(출처: Opensea)

우리가 살펴본 메타버스에서 발생할 수 있는 여러 문제 중에서 불법 복제가 가장 심각하고 손쉽게 발견할 수 있는 문제다. 디지털 콘텐츠이기에 컨트롤+C, 컨트롤+V만 누르면 쉽게 복제가 가능하기 때문이다. 이러한 단점을 해결하기 위해 등장한 것이 NFT(Non-fungible Token)다. 디지털 창작물은 무한하게 복제가 가능한데, 블록체인 기술을 기반으로 하는 NFT는 고유번호를 창작물에 등록하기 때문에 위조가 불가능하다.

쉽게 말하자면, 메타버스 세계에서 물건 하나를 만든다고 생각하자. 완성된 물건에 NFT를 부여한다. 그러면 물건에 부여된 NFT를 통해 누가 이 물건을 만들었는지, 언제 만들었는지 등의 정보를 열람할 수 있다. 이 물건이 복제가 되어도 NFT가 부여된 물건은 하나이므로 원본이라고 인정을 받을 수 있다. 즉, 대체 불가능한 토큰이라고 불리는 NFT는 복제되지 않는 물건의 고유 번호이다.

② 완벽한 해결책일까?

'잭 도시'의 트위터

(출처:
https://www.channelchek.com/news-channel/As_Dorseys_Tweet_Exemplifies_N
FT_Market_is_Still_Maturing)

NFT가 완벽하게 메타버스의 여러 문제를 해결할 수는 없다. 창작자가 만들어 놓은 물건에 다른 사람이 먼저 NFT 등록을 하거나 만들어진 물건을 변형해서 NFT로 등록을 하는 등의 경우에는 또 다른 문제가 될 수 있다. 이럴 때에는, NFT 만으로는 창작자의 권리가 완전히 지켜지지 않을 수도 있다. 그럼에도 불구하고 NFT는 디지털 콘텐츠의 창작자 권리와 소유자 권리를 보장한다는 점 때문에 미술, 음악, 게임 등의 분야에서 많이 사용되는 추세다. 하나의 디지털 콘텐츠가 아무리 많이 복제가 되더라도 원본을 보장하고 그 창작자와 소유자가 누구인지를 보장한다면, 그 콘텐츠는 원본이라는 희소성으로 인해 가치가 더 오를 것이다.

'뱅크시'의 실물 작품

트위터 최고 경영자였던 잭 도시(Jack Dorsey)는 2006년 3월 트위터에 처음 올렸던 '트위터 계정 만드는 중(Just Setting Up My Twitter)'이라는 트위터 글에 NFT를 등록하고 32억에 거래했다. 또한, 거리의 화가라고 불리는 유명한 영국 화가 뱅크시(Banksy)는 본인의 작품에 NFT 등록을 하고, 실물의 작품을 없애버렸다. 그 결과로 실물 그림보다 네 배 더 비싼 가격으로 거래됐다.

'크립토키티' NFT 작품들

(출처: CryptoKitties)

'크립토키티(CryptoKitties)'는 고양이를 구매하고 판매하는 게임이다. 고양이들의 생김새는 각각 다 다르고 하나라도 중복되는 아이템이 없으며, NFT 및 라벨링이 부여되어 있다. 따라서 동일한 고양이는 세상에 존재하지 않는다. NFT 기술이 나오지 않았던 때의 게임들을 생각해보면, 게임 속 여러 미션들을 완료하면서 혹은 게임 속 열심히 벌어놓은 돈으로 구매를 해 얻은 캐릭터나 아이템들은 완전히 내 것이 아니었다. 다른 사용자들도 나와 똑같은 캐릭터와 아이템들을 가질 수 있었고 활용할 수 있었다. 이런 점 때문에 게임의 아이템 대한 애착이 크지 않았다.

반면에 NFT가 부여된 캐릭터 또는 아이템은 온전히 나의 소유이며 유일무이하다. 그만큼 특별한 가치가 있고, 사용자들은 본인만의 컬렉션을 만들기 위해 게임에 애착과 애정이 생길 수밖에 없는 것이다.

메타버스와 NFT

(출처: 모노버스)

　　메타버스 세계 속에서 NFT가 어떻게 적용되고 있는지 알아보았고, 우리가 상
상하는 것보다 훨씬 더 빠르고 넓게 발전하고 있다는 것도 알게 되었다. 이러한
시도들이 완전한 메타버스 세계를 앞당기는 요인이 될 수도 있다고 생각한다.
NFT가 적용된 캐릭터나 아이템 등을 하나의 메타버스 세계에서만 사용할 수 있
는 것이 아니라 모든 메타버스 세계에서 사용하게 될 수도 있다. 그때가 오면, 메
타버스 내에서 사용 가능한 모든 재화들이 모든 메타버스 세계에서 자유롭게 통
용되어 연결된다면, 우리는 진정하고 완전한 메타버스 세계를 경험할 것이다. 물
론 이건 메타버스를 제작하는 기업들이 모두 동의했을 때나 가능한 이야기이다.

17 | 어떤 플랫폼에서 메타버스를 제작할까?

1 게임을 넘어서, 유니티(Unity)와 언리얼(Unreal)

'언리얼 엔진' 작업 장면

(출처: 언리얼 엔진)

메타버스와 관련된 것들, 그러니까 게임, 공간, 아바타 등을 만드는 온라인 플랫폼의 영역이 전 산업 영역으로 확대되고 있다. 또한 기존의 플랫폼들도 계속해서 진화 중이다. 3D 게임 요소를 제작하던 유니티(Unity), 언리얼(Unreal) 등의 플랫폼이 메타버스를 만나 그 활용 범위가 계속 확대되고 있고, 개발자들의 대우도 좋아지고 있다.

'유니티' 작업 장면

유니티(Unity)는 3D 및 2D 비디오 게임의 개발 환경을 제공하는 게임 엔진이 자, 3D 애니메이션과 건축 시각화, 가상현실 등 인터랙티브 콘텐츠 제작을 위한 통합 제작 프로그램이다. 유니티는 기존 주력 부분인 가상 게임 제작에서 건설, 엔지니어링, 자동차 설계 및 자율주행 등의 분야로 사업을 확장하고 있다. 현재 스마트폰에서 다운받을 수 있는 모바일 게임의 절반 정도가 유니티로 제작되고 있고, 매달 전 세계에서 50억 건 이상의 다운로드 수를 기록한다고 한다.

'언리얼 엔진'으로 만든 공간

언리얼(Unreal) 엔진은 미국의 에픽게임스(Epic Games)에서 개발한 3D 게임 엔진이다. 1994년부터 현재까지 꾸준한 개량을 통해 발전하고 있으며, 수십 개의 비디오 게임에 사용되고 있다. 언리얼은 현실과 거의 비슷할 정도의 고품질 화면을 구성하는 것이 가능해 대규모 게임에서 사용되고 있다. 엔씨소프트의 리니지, 넥슨의 카트라이더 등이 언리얼 엔진으로 제작되었다. 또한 디즈니플러스가 제작한 <스타워즈> 시리즈의 드라마 <만달로리안>, HBO 드라마 <왕자의 게임> 사전 시각화, 영화 <해운대> 등의 CG 등에도 사용되었다. 이 외에도 언리얼 엔진은 BMW, 아우디, 페라리 등의 자동차 디자인과 시각화에도 이용되고 있다.

② 가상인간은 이곳에서 만든다

출처: 릴 미켈라 인스타그램 (@lilmiquela)

가상인간 '릴 미켈라'

(출처: 은하맨숀)

릴 미켈라(Lil Miquela)는 <타임(TIME)>이 뽑은 인터넷에서 가장 영향력 있는 인물 25인 중 한 명이다. 300만 명을 넘는 인스타그램 팔로워 수를 가진 릴 미켈라는 미국의 AI 스타트업 기업인 브러드(Brud)가 제작한 가상인간이다. 그는 샤

넬, 프라다 등의 패션 브랜드에서 모델로 활동했고, 음반을 발매하여 영국 음원 사이트에서 높은 순위를 기록하기도 했다. 심지어 인간 가수와도 협업해 음반을 발매했다. 릴 미켈라가 2020년 한 해에 벌어들인 수익만 자그마치 약 130억 원이라고 한다.

'메타휴먼 크리에이터' 가상인간

(출처: 언리얼 엔진)

이러한 가상인간을 우리도 쉽게 만들 수 있다. 과거에는 가상인간 제작에 많은 비용과 시간이 필요했지만, 최근에는 기술의 발전으로 쉽게 제작이 가능하다. 언리얼 엔진을 개발한 에픽게임스(Epic Games)에서는 가상인간을 제작할 수 있는 플랫폼인 '메타휴먼 크리에이터(Meta Human Creator)'를 출시했다. 이 플랫폼은 몇 주에서 몇 개월이 걸리던 가상인간 제작 시간을 획기적으로 단축해 몇 분만에 제작하는 것은 물론이고 완성도 역시 매우 높다. 또한 직관적이고 간편한 사용법으로 게임 개발자나 크리에이터 모두가 쉽고 다양하게 제작할 수 있다.

'유니큐' 가상인간

(출처: https://smilegate.ai/2020/11/10/uneeq-digital-human-platform/)

미국의 디지털 휴먼 개발업체 유니큐(UneeQ)는 자체 제작한 가상인간 아홉 명을 이용해 손쉽게 가상인간을 만들 수 있는 플랫폼인 '유니큐 크리에이터(UneeQ Creator)'를 발표했다. 또한 미국의 인공지능 기업인 IP소프트(Ipsoft)는 대화형 가상인간을 제작할 수 있는 플랫폼을 출시했다. 마지막으로 소울머신스(Soul Machines)는 '디지털 DNA 스튜디오'를 출시해 가상인간을 제작할 수 있도록 했다.

삼성 가상비서 샘

(출처: https://www.hankyung.com/economy/article/202106070653g)

가상인간을 개인이 손쉽고 빠르게 제작할 수 있는 여러 플랫폼들이 출시되면서, 더 이상 가상인간을 만드는 데에는 전문성이 필요 없어졌다. 전문 인력이 없는 기업들도 가상인간을 활용할 수 있게 되면서 다양한 분야에서 가상인간들이 등장하고 있다. 현재 추세에 따르면, 대화형 인공지능 서비스인 챗봇(Chatbot)을 넘어 가상인간 비서의 활용이 증가할 것으로 예측된다. 가상인간 시장은 매년 20% 넘게 성장하고 있고, 2025년에는 그 규모가 139억 달러까지 확대되면서 사무직 기업 절반에 가상 비서가 존재할 것이라고 보고 있다.

모든 국민들이 스마트폰을 보유하는 것처럼, 언젠가는 모든 사람들이 가상 비서를 보유하게 되는 날이 머지않아 올 것이다.

18 | 쇼핑은 이제 메타버스에서!

1 메타버스에서 집으로 배송

가상 안경 피팅 쇼핑 앱 '라운즈'

(출처:
https://m.celecon.com/board/?db=gallery_2&no=11608&mari_mode
=view%40view&cate=&page=1&search=&search_str=&temp=)

유통업계도 메타버스 세계에 뛰어들었다. 인터넷이 발전하면서 사람들은 온라인으로 많은 혜택을 누렸다. 온라인으로 보고, 구매하고, 집까지 편리하게 배송을 받았다. 이렇게 온라인 쇼핑은 간단하지만 물건의 사이즈가 나에게 맞을지, 색상 및 모양이 나에게 어울릴지 등 실제로 물건을 보지 못하고 구매했을 경우에 발생하는 문제가 나타났다. 유통 기업들은 소비자들의 니즈를 재빨리 발견하여 메타버스 유통 시장을 선점하기 위해 진출하고 있다.

가상 피팅 앱 '지킷'

(출처: https://www.springwise.com/virtual-fitting-room/)

메타버스 세계에서는 집이 곧 매장이다. 집에서 매장에 가상으로 방문할 수 있고, 물건을 구경하고 착용도 해볼 수 있다. 또한, 메타버스 세계에서는 가상 피팅(Virtual Fitting)을 통해 구매를 원하는 제품을 미리 착용해볼 수 있기 때문에 반품률을 획기적으로 낮추는 것이 가능하다. 가상 피팅 플랫폼 기업인 지킷(Zeekit)의 CEO 야엘 비젤(Yael Vizel)은 가상 피팅 기술을 자사 플랫폼에 적용했고, 반품 비율을 낮춰 매출을 증대시켰다.

가상 피팅은 기본적으로 사용자의 몸을 인식해 사용자가 제품을 착용한 모습을 가상으로 보여준다. 가구는 의류보다 훨씬 더 편리하게 사용된다. 가상 피팅을 이용해 가구를 인식시키면 실제 자신의 방에 놓으면 어떤 모습일지 미리 확인할 수도 있다. 이러한 이유 덕분에 유통업계가 메타버스에 뛰어드는 것이다.

기업 '롯데' 신동빈 회장

(출처: 롯데지주)

국내 기업 롯데는 신동빈 회장의 지휘 아래 메타버스를 미래 사업으로 발표했다. 롯데는 모든 계열사를 연결한 메타버스 세계를 구축하고 투자를 확대할 예정이라고 한다. 신동빈 회장은 경영진 회의에서 "화성보다 먼저 살아가야 할 가상 융합 세상에서 롯데 메타버스가 기준이 되도록 하자"라고 임원들에게 강조했다.

롯데하이마트 메타버스

(출처: 롯데하이마트)

　롯데는 결제 기능을 갖춘 메타버스 플랫폼 구축을 목표로 한다. 롯데정보통신은 메타버스 콘텐츠 전문 기업인 칼리버스를 인수해 보다 현실감 넘치는 메타버스 세계를 구상 중이다. 롯데벤처스는 메타버스, 가상현실과 관련된 스타트업 기업들에 투자를 확대하고 있다. 그리고 롯데의 각 계열사들도 각자의 사업 분야에서 메타버스를 활용하기 시작했다. 롯데홈쇼핑은 가상 디지털 의류 브랜드인 LOV-F(Life Of Virtual Fashion) 상품 2종을 출시했고, 라이브 커머스를 메타버스 세계에서 진행할 계획이다. 롯데하이마트는 메타버스 세계에 가상 매장인 버추얼 스토어를 만들었다. 고객들이 매장에 방문하면 롯데하이마트 자체 브랜드(PB)인 하이메이드 상품을 둘러볼 수 있으며, 가상의 가전 상담원인 디지털 휴먼이 각 제품을 설명해준다. 롯데면세점은 버추얼 피팅룸을 제작했고, VR 기기를 착용한 고객은 가상 쇼룸에서 원하는 물건을 선택한 후 자신이 착용한 모습을 미리 볼 수 있다.

롯데푸드 메타버스

(출처: http://www.scjournal.kr/news/article.html?no=22482)

롯데푸드는 식품업계 최초로 메타버스 플랫폼인 로블록스에서 브랜드 게임을 출시했다. 캠핑장에서 맛있게 먹을 수 있는 소시지 '에센뽀득'을 콘셉트로 한 메타버스 게임이다.

배스킨라빈스 메타버스 '배라팩토리'

(출처: http://www.spcnetworks.co.kr/news/220301.html)

국내 식품 전문 기업인 SPC그룹은 자체적으로 메타버스 플랫폼을 구축 중이다. SPC그룹은 기존의 자사 앱인 '해피포인트'를 활용할 것으로 보인다. 파리바게뜨, 배스킨라빈스, 던킨도너츠, 삼립식품 등 국내 유명 업체들을 계열사로 두고 있는 기업이니만큼, SPC그룹의 메타버스 세계가 더욱 기대된다. SPC그룹의 계열사 중 하나인 배스킨라빈스는 업계 최초로 메타버스 플랫폼인 제페토에 단돈 공식 맵 '배라 팩토리'를 만들었는데, 해당 월드에서 배스킨라빈스 아이스크림 원재료를 찾아 수집하고 직접 만들어볼 수 있어 유저들의 많은 사랑을 받고 있다.

3 메타버스에서 패션쇼

MCM 메타버스 'M'etaverse'

(출처: MCM 유튜브)

패션 기업들도 메타버스 세계를 적극 활용해 유통에 힘쓰고 있다. 국내 패션 기업 중 메타버스 세계에서 가장 앞선 기업은 MCM이다. MCM은 자체적으로 만든 메타버스인 M'etaverse(MCM + Metaverse)를 통해 MZ세대와 소통하고 있다. MCM은 창립 45주년을 기념해 오프라인에서 메타버스를 체험할 수 있는 혼합현실(XR) 체험존을 국내 최초로 선보이면서 가상공간을 무대로 런웨이를 해볼 수 있게 했다. MCM은 앞으로도 계속해서 아이템들을 출시할 계획이라고 한다.

19 | I'm on the Next Level, 투표 위해 광야로 걸어가

① 광야에서 선거 유세

제20대 대통령 선거 개표 방송

(출처: SBS)

2022년 3월 9일 수요일, 대한민국 제20대 대통령 선거가 진행되었다. KBS, SBS, MBC를 포함해 종편 채널, 보도 전문 채널 등 많은 방송사가 다음 날 새벽까지 개표 방송을 진행했다. 여러 방송사 중에서 가장 시청자들의 이목을 끌었던 방송사는 바로 SBS였다. SBS 개표 방송에서는 이재명 대선 후보와 윤석열 대선 후보가 나와 SM엔터테인먼트 소속 아이돌 그룹인 에스파(Aespa)의 노래 '넥스트 레벨(Next Level)'에 맞춰 춤을 췄다. 대선 후보들이 아이돌 노래에 맞춰 춤을 춘다는 것은 아주 진기한 광경이었고, 해외 토픽에도 소개되었다. 사실 대선 후보들의 모습은 AI 기술로 만들어진 컴퓨터 그래픽이었다.

제20대 대통령 선거 개표 방송

선거 방송 때마다 SBS는 컴퓨터 그래픽을 이용해 독특한 설정의 방송을 연출해왔다. 이번 대선에서는 영화 <매드맥스: 분노의 질주>를 패러디해 화면을 꾸몄다. 두 명의 대선 후보자들은 영화에서처럼 모래바람을 가르며 사막을 질주했다. 그리고 각 지역별 개표 상황을 소개하며 후보자들은 '넥스트 레벨' 노래에 맞춰 춤까지 추었다. 게다가 놀이동산에서 놀이기구를 타는 영상, 3D 캐릭터를 활용한 추격전, 인형 뽑기, 인기가요, 댄서 '제이블랙'과의 콜라보 등 다양한 설정을 만들었다. 그 결과 각종 SNS와 커뮤니티에서 화제가 된 것은 물론 해외에서도 호평을 받았다.

정치인들 메타버스 아바타
(위에서부터 이낙연, 정세균, 원희룡)

(출처:
https://www.donga.com/news/Society/article/all/20210823/108712566/2)

이번 대통령 선거만 메타버스 세계에서 진행된 것은 아니다. 대통령 선거를 앞두고 각 후보를 선출하는 과정에서도 메타버스에서 열띤 경쟁이 일어났다. 한국 정치인들은 한국 및 해외에서 인지도가 높은 메타버스 플랫폼 제페토를 활용하여 선거 홍보 활동을 이어나갔다. 제페토 안에 각자의 선거 유세 캠프 공간을 만들어 유권자들과 소통했다.

가장 먼저 광야로 출발한 후보자는 원희룡 제주도지사. 원희룡 제주도지사는 '업글희룡'이라는 이름으로 자신의 아바타를 만들어 유권자 사용자들과 소통했으며, 심지어 대선 출마 선언도 '제페토'에서 진행했다.

더불어민주당 후보들도 메타버스 세계에서 각 후보의 팬미팅을 진행했고, 출마 선언을 했다. 대선 경선에도 메타버스를 활용해 '직방'의 메타버스 공간인 '메타폴리스'의 일곱 개 층을 임대해 메타버스 캠프를 꾸렸다. 그곳에서 후보 대리인 설명회, 간담회 등 다양한 행사를 진행했다.

③ 미국 정치도 광야에서

미국 대통령 '조 바이든' 메타버스 선거 본부

(출처: 닌텐도)

한국뿐만 아니라 미국 정치판에서도 메타버스가 화두다. 현 미국 대통령인 조 바이든은 대통령 선거 유세 당시 닌텐도 게임의 메타버스 세계인 '모여봐요 동물의 숲'에 본인 홍보용 섬을 만들었다. 바이든이 만든 섬의 이름은 '바이든 본부 (Biden HQ)'였고 현실 세계의 캠프와 똑같이 구성했다. 바닥에 붙어 있는 선거 홍보물들과 포스터, 팻말 등등 최대한 현실 그대로 재구성했으며 투표를 독려하기 위해 투표소도 설치되었다.

2016년 미국 대통령 선거에서는 힐러리 클린턴 후보가 메타버스 게임 '포켓몬 GO'를 선거 캠페인에 활용했다. 게임 사용자들에게 본인을 홍보하고 지지를 이끌어내기 위해 힐러리 클린턴 선거 캠프 근처에 포켓몬 출몰 빈도를 높였다.

④ 유권자와 기성세대를 다 잡은 메타버스 개표 방송

제20대 대통령 선거 개표 방송

(출처: KBS 선거방송기획단 유튜브)

개표 방송에서 메타버스를 활용한 것은 여러 방면으로 화제가 되었다. KBS, MBC, JTBC, TV조선 등의 방송사들은 모두 SK텔레콤의 메타버스 플랫폼인 '이프랜드(ifland)'를 통해 개표 방송을 진행했다. 특히 JTBC는 가상공간 속 '컨퍼런스홀'에 아바타들이 참가할 수 있도록 했고, 대선 후보의 아바타가 인터뷰를 하는 장면도 구현했다. TV조선은 '결정 2022 대선 카페'라는 이름으로 스튜디오를 카페처럼 꾸몄다.

이러한 메타버스를 활용한 개표 방송은 정치에 관심이 적은 유권자들에게는 정치에 대한 관심을 불러일으켰고, '메타버스'에 익숙하지 않은 기성세대에게는 '메타버스의 새로운 기술'이라는 인상을 심어주었다. 시간이 흐를수록 전 연령층에서 서서히 메타버스에 대한 거부감이 사라지고, 인터넷이 처음 출시되었을 때만 해도 익숙하지 않았지만 현재는 자유자재로 활용하는 것처럼 할아버지, 할머니들도 메타버스 월드를 자유롭게 드나들게 될 것이다.

04

메타버스와
문화

Metaverse

01 | 연예인 VS 가상인간

1 더 이상 논란은 없다, 가상인간

가상인간 김래아

(출처: 김래아 인스타그램)

메타버스 세계에서 주목해야 할 것들 중 한 가지는 바로 '버추얼 휴먼(Virtual Human)'이라고 불리는 가상인간이다. 그들은 메타버스 기술의 총집합이자, 메타버스 그 자체라고도 한다. 그들은 가상인간이라고도 불리며, 디지털 휴먼(Digital Human), 버추얼 인플루언서(Virtual Influencer) 혹은 CGI 모델(Computer Generated Imagery Model)이라고도 불린다. 그렇다면 가상인간이 연예계까지 침투한 이유는 무엇일까? 우선, 가상인간은 시공간의 제약을 받지 않고 인간이 할 수 없는 영역도 소화할 수 있다.

특히 연예인들이 종종 겪는 여러 가지 스캔들로부터 자유롭다는 점이 가상인간의 최고 장점이다. 가상인간은 기업 이미지에 타격을 줄 수 없고, 각종 계약 문제에서 골머리를 앓는 경우도 없을 것이다. 그리고 인격이 없어 인성 논란에 휩싸일 걱정도 하지 않아도 된다. 아이돌의 경우 30대가 되면 상품성이 하락하는 모습을 자주 볼 수 있는데, 항상 20대의 얼굴을 유지해 리스크를 줄일 수도 있다. 이 때문에 많은 기업에서 가상인간 영입을 적극적으로 고려하는 중이다.

앞으로도 광고 모델, 가수, 쇼호스트, 연기자 등 연예계에 발을 들이는 가상인간은 더욱 많아질 것으로 예측된다. 이에 따라 관련 시장 규모가 급격히 성장할 것이라는 관측도 있다. 블룸버그통신에 따르면 업계 전문가들은 가상인간 시장 규모가 2025년까지 14조 원에 이를 것으로 내다봤다.

② 나이 22세, 키 171cm, 몸무게 52kg, MBTI: ENFP

가상인간 로지

(출차: https://www.hankyung.com/economy/article/2021070722256)

가상인간 로지의 프로필이다. 로지는 싸이더스 스튜디오 엑스(SIDUS Studio X)에서 개발한 국내 최초 가상인간으로, 신한라이프 광고에서 화려한 춤을 추며 세상에 첫발을 내디뎠다. 이후 CF 촬영과 음원 발매, 드라마 출연을 했고, 최근에는 라디오 방송 <두시탈출 컬투쇼>에 스페셜 게스트로 출연해 사연을 읽기도 했다. 로지의 인스타그램 팔로워 수는 13만 명이 넘고 2021년 수익은 10억 원이 넘는 것으로 알려졌다.

로지의 광고 모델료는 3억 원으로 추정되는데 이는 국내 인기 트로트 가수 임영웅과 같은 수준이다. 몇 년 후면 톱스타들의 광고료 수준을 넘어설 것이라는 예측도 있다.

인간 연예인 광고료	가상인간 광고료
인간 가수 임영웅	가상인간 로지
약 3억 원	약 3억 원

가상인간 한유아

(출처: https://m.mk.co.kr/news/economy/view/2022/04/329750/)

로지의 친구들도 있다. 10만 명이 넘는 인스타그램 팔로워를 보유한 가상인간 한유아도 연예계에서 왕성하게 활동 중이다. 패션 매거진 화보를 촬영하고 음원을 발매했으며, 최근엔 광동 옥수수수염차의 새로운 광고 모델로 발탁되어 CF 촬영까지 했다. 또 다른 친구들로, 넷마블에프앤씨의 자회사 메타버스엔터테인먼트에서 개발한 가상인간 '리나'와 LG전자의 가상인간 '김래아', AI 스타트업 펄스나인에서 제작한 가상 걸그룹 '이터니티'도 있다.

가상인간 이마

(출처: 이마 인스타그램)

가상인간 열풍의 원조 국가로 뽑히는 일본에서는 가상인간이 '버추얼 유튜버(Virtual Youtuber)'로 불린다. 그중 '이마(IMMA)'가 가장 유명하다. 일본 3D 이미징 스타트업 AWW가 2019년에 선보인 가상인간 이마는 세계적인 가구업체 이케아가 도쿄에 매장을 내면서 모델로 박탈해 대중의 이목을 끌었다. 이마는 이케아 모델 활동 이후 일본 아마존 패션쇼 홍보 대사, 포르쉐 등 굴지의 대기업 모델로 발탁되기도 했다.

인스타그램 팔로워 수가 35만 명이 넘는 이마는 인스타그램뿐만 아니라 유튜브 등에서도 적극적으로 팬들과 소통을 이어가는 중이다. 이마와 같은 일본 버추얼 유튜버들은 전 세계 유튜브 후원금 상위권에 이름을 올리고 있다. 유튜브 통계분석 사이트에 따르면, 전 세계 유튜브 '슈퍼챗' 1위는 일본 버츄얼 유튜버 '키류 코코'가 17억 원으로 가장 높았다. 2위, 3위 그리고 4위를 차지한 이들도 역시 버추얼 유튜버로 각각 14억, 11억 그리고 8억을 벌어들였다. 앞으로 기업들은 일반 연예인이 아닌 가상인간을 모델로 하여 적지 않은 마케팅 비용을 지출할 예정이다.

2 '포켓몬 GO' 때문에 메타버스가 시작되었다고?

1 전국 어디서나 포켓몬 GO

게임 포켓몬 GO

(출처: 포켓몬 GO)

2016년 여름에 등장한 '포켓몬 GO'는 많은 사람들이 기억하고 있을 것이다. 유저들이 휴대폰을 들고 거리 곳곳을 누비며 포켓몬을 잡는 모습이 아직도 생생하다. 아마 한 번쯤은 누구나 들어봤을 게임이다.

포켓몬 GO는 우리가 사는 현실 세계 곳곳에 숨어 있는 포켓몬스터 친구들을 찾아서 포획하고 진화시키는 게임이다. 배틀이라는 기능을 통해 다른 사람들의 포켓몬스터와 대결을 할 수도 있다.

이 게임은 우선 포켓몬 GO 앱을 켜고, 휴대폰으로 아무 공간이나 비추면 포켓몬스터 캐릭터가 휴대폰 화면에 나타나는 식으로 구현된다. 나타난 포켓몬스터 친구들을 보는 것도 신기하고 재미있지만, 만화에서 그랬듯이 몬스터볼을 포켓몬에게 던져 잡을 수도 있다.

② 왜 다들 포켓몬을 잡을까?

포켓몬 GO 사고 현장

(출처: SBS 뉴스 유튜브)

포케워크스(Poke Walks)라는 말이 있다. 밤에도 잠을 자지 않고 포켓몬을 잡으러 배회하는 사람들을 뜻하는 신조어다. 그리고 전 세계적으로 포켓몬이 출현하는 장소가 달라, 사람들은 한 마리라도 더 잡기 위해 세계 곳곳을 돌아다니는데 이 현상을 '포켓몬 GO' 현상이라고 한다. 포켓몬을 잡으려다 가파른 절벽에서 떨어지거나, 도로에 출현한 포켓몬을 잡으려다 차에 치이거나, 운전 도중에 포켓몬을 잡으려고 하는 바람에 불의의 사고가 발생해 국제적으로 문제가 되기도 했다.

포켓몬을 잡기 위해 국내뿐만 아니라 멀리 해외까지 가는 사례도 있었다. 사람들은 왜 포켓몬 GO에 미치도록 열광했을까? 만화 속 주인공이 되는 경험을 할 수 있어서? 포켓몬을 많이 모으겠다는 욕구 때문에? 이러한 이유들은 어느 정도 맞지만, 무엇보다 이 게임이 인기가 있었던 이유는 AR 기술 덕분이다.

③ 증강현실 AR

자동차 AR 기술

(출처: chinadaily.com.cn)

증강현실은 영어로 'Augmented Reality'라고 하는데, Augment에는 '덧붙이다'라는 뜻이 있다. 직역하면, '덧붙여진 현실'이라는 뜻이다. 이걸 풀어서 이해하면, 현실 세계에 가상의 데이터를 혼합해서 나타낸다는 개념이라고 보면 된다. 우리 일상생활 속에서도 많이 쓰이고 있는데, 기상 정보를 알려주는 방송에서도 사용 중이다. 기상 캐스터가 날씨 정보를 알려줄 때, 지도 위에서 구름, 바람, 파도 등등의 정보가 계속 변화되는 모습을 볼 수 있다. 날씨 정보가 화면상에서 움직이는 것은 컴퓨터 그래픽이다. 만들어진 그래픽을 방송에 입혀서 영상으로 내보내는 것인데 이것 또한 AR 기술이라고 할 수 있다.

포켓몬 GO

포켓몬 GO 역시 이러한 AR 기술이 사용된 게임이다. 포켓몬 GO에서는 우리 집 거실, 학교 그리고 길거리 등에 포켓몬들이 막 돌아다닌다. 항상 컴퓨터 화면 속에서 납작한 모습으로 존재하던 것들이 이제는 내가 사는 공간으로 들어와 함께 있다는 느낌을 받을 수 있다. 내 삶 속에서 가상의 것들을 직접 마주하는 경험은 많은 사람들에게 신선한 충격으로 다가왔다. 이런 점이 AR 세계에 매료되는 이유가 아닐까?

④ 월 사용자 수 127만 명의 인기 게임

증강현실을 기반으로 한 포켓몬 GO 게임은 월 사용자 수 100만 명을 넘기며 여전히 많은 사람들에게 인기를 끌고 있다. 이렇게나 많은 사람들이 증강현실 게임에 관심이 있다는 건 경제적으로 아주 큰 의미를 가진다. 포켓몬 GO는 이미 개발돼 있는 기술인 AR 기술을 모바일 게임에 접목시켜 새로운 경험을 소비자들에게 제시했다. 국내 증강현실 기술 특허와 관련한 자료에 따르면, 기술을 이용해 제품으로 만들어 수익을 내는 경우는 20%에 못 미친다고 한다. AR 기술을 이용해 포켓몬 GO 게임을 만들어 수익을 낸 것처럼, 증강현실 기술의 사업화를 통한 신성장 동력 발굴이 중요하다고 할 수 있다.

3 부모님도 허락하는 메타버스 게임!

1 살인 사건을 해결하자! '어몽어스'

게임 '모여봐요 동물의 숲'

(출처: 닌텐도)

메타버스를 이야기할 때 빠지지 않는 것이 바로 게임이다. 게임 세상도 일종의 가상세계이기 때문에 메타버스의 한 유형이라고 할 수 있다. 비록 어른들에게는 익숙하지 않지만, 젊은 친구들에게는 친근하고 삶과 분리할 수 없는 그런 세상일 것이다. 게임은 몇십 년 전만 하더라도 대부분 오락실이라는 특정 공간에서 즐길 수 있는 것이었다. 하지만 메타버스 기술력이 발전한 지금, 각 가정에서 개인 휴대폰이나 PC로 시간과 장소 상관없이 즐길 수 있다.

이렇게 발전된 게임 세상은 현실 세계에서 경험하지 못하거나 경험할 수 없는 것들을 경험하게 해준다. 현실 세계에서는 힘없고 나약한 인간이지만, 게임 세상에서는 능력이 아주 출중한, 심지어 마법도 사용할 수 있는 캐릭터로 변할 수 있다. 현실에서는 나이, 성별 혹은 국적 문제로 할 수 없는 일들도 게임 세상에서는 직접 체험할 수 있다.

게임 '어몽어스'

(출처: bignox.com)

어른이 되어 결혼을 하거나, 자녀를 양육하거나, 해외여행을 하거나, 기업을 운영하거나, 다양한 직업을 체험할 수도 있다. 우주선을 타고 우주여행을 떠나는 도중에 살인 사건이 발생하기도 한다. 우주선에 남아 있는 다른 사람들을 모두 죽이려는 범인 '임포스터'를 찾아내는 미스터리한 모험 또한 경험할 수도 있다. 게임 '어몽어스' 세상에서 말이다.

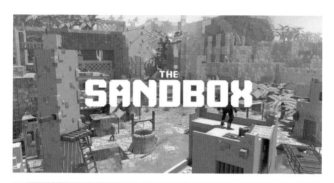

게임 'The Sandbox'

(출처: The sandbox)

메타버스 게임 속 세상은 시간과 공간의 제약이 없어 새로운 사람들도 많이 만날 수 있다. 국가, 나이 그리고 성별까지 상관없이 모두 평등한 입장에서 친구가 된다. 다 같이 팀을 만들어 정해진 목표를 향해 함께 나아가고, 이 과정에서 협업의 중요성과 가치를 자연스럽게 학습할 수 있다. 혼자가 아닌 여럿이서 함께할 때 더 즐겁고 더 효율적으로 목표 달성에 이를 수 있다는 협력 및 협치를 체험한다.

게임 '욱 크래프트'

(출처: http://www.wookcraft.kr/)

요즘 출시된 많은 게임들은 '자동전투' 시스템을 탑재하고 있다. 게임을 하는 사람이 스스로 생각하고 선택하고 행동하는 구조가 아니라, 설정이 정해져 있어 화면을 클릭만 하면 진행되는 게임들이 양산되는 중이다. 사고 과정을 거치지 않고 의미 없는 반복 동작과 행위만을 지속하게 되는 이러한 게임들은 유저의 선택과 책임의 기능이 사라진 채 레벨을 올리는 것에만 집중하게 한다.

부모님들이 선호하는 게임은 자녀들이 많은 생각을 가지고 판단력을 기를 수 있는 게임일 것이다. 메타버스를 활용해 다 같이 목표를 세워 해결해나가는 게임을 만든다면 엄마와 아이 모두가 만족할 것이 분명하다. 이미 알려진 게임의 여러 가지 부정적 문제들을 메타버스를 이용해 긍정적인 면으로 채워 넣는 노력이 필요하겠다. 그러면 더 이상 어머니의 눈치를 보지 않고 실컷 게임을 할 수 있을 테니까.

04 | 스스로 감옥에 간다고?

1 탈출하고 싶은 사람 모두 모여라

메타버스 방 탈출 게임

(출처: https://www.theteam10.com/blank)

2019년부터 유행하고 있는 오프라인 방 탈출 카페도 메타버스에서 활용되고 있다. 방 탈출 카페에는 다양한 테마가 존재하고 개인 또는 단체로 참여할 수 있다. 일단 방에 입장하면 게임이 시작되고 주어진 미션들을 전부 완료하거나 포기해야 탈출할 수 있는데, 참가자들은 방 안에 있는 여러 단서를 가지고 추리해서 문제를 해결해야 한다.

예능 프로그램 〈대탈출3〉

(출처: tvN 〈대탈출3〉)

국내 방송계에서도 방 탈출 카페의 콘셉트를 응용해서 프로그램을 제작한 사례가 꽤 있다. 〈뇌섹 시대, 문제적 남자: 밀실 특집, 방 탈출 프로젝트〉, 〈대탈출〉 등 방 탈출 관련 콘텐츠를 방송으로 제작한 사례가 많다.

메타버스 방 탈출 게임 '플레이더월드'

(출처: 플레이더월드)

아날로그적인 장치와 기술만으로는 방 탈출 게임을 거대한 메타버스로 성장시키기 어렵다. 이 점을 빠르게 파악한 몇몇 기업들은 건물 내부에서 진행되는 방 탈출 게임을 메타버스를 활용해 대규모로 즐기도록 구현했다.

스마트폰으로 기업들이 제작한 온라인 사이트에 접속하면, 방 탈출 게임을 즐길 수 있는 지역으로 마음껏 이동할 수 있다. 시간과 공간의 제약 없이 물리적으로 존재하는 여러 단서를 조합해서 즐기는 야외 대규모 방 탈출 게임이다.

기업 플레이더월드는 정동을 배경으로 제작한 '백투더정동 Part 2', 광화문을 배경으로 제작한 '광화문 김부장 프로젝트', 서울로를 배경으로 제작한 '제2의 시간' 등의 메타버스 방 탈출 게임을 제공하고 있다.

③ LG전자 '씽큐 방 탈출 카페'

ThinkQ 방 탈출 카페

(출처: LG전자 블로그)

LG전자는 고객들이 스마트홈 플랫폼인 LG 씽큐(LG ThinQ) 앱을 통해 'FUN 경험'을 할 수 있도록 'ThinQ 방 탈출 카페'를 열었다. 'FUN 경험'은 '최고의 (First)', '유일한(Unique)', '새로운(New)' 혁신적인 고객 경험을 의미한다. 서울 성수동 '카페 할아버지공장'에서 운영되었던 ThinQ 방 탈출 카페는 LG 씽큐 앱의 주요 기능과 방 탈출 게임 콘셉트를 접목해 마련된 복합문화체험공간이다. 이곳은 부엌, 거실, 서재, 세탁실 등 네 개의 공간으로 구성되어 있다. 각 공간에서 다양한 가전제품을 움직이거나 각종 서비스를 이용하면 숨겨진 단서를 찾을 수 있고, 주어진 미션을 완료하면 탈출이 가능하다.

4 CJ프레시웨이, 게더타운 방 탈출 게임

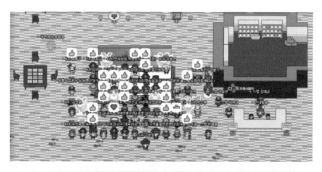

CJ프레시웨이 방 탈출 게임

(출처: CJ프레시웨이)

CJ프레시웨이는 메타버스 플랫폼인 게더타운을 이용해 임직원들을 위한 소통 프로그램을 진행했다. 임직원들을 회사의 게더타운으로 접속해 방 탈출 게임과 OX 퀴즈 등의 다양한 게임을 통해 회사의 미션, 비전과 사업전략을 탐색하고 각자의 생각을 공유하는 시간을 가졌다. 방 탈출 게임은 게더타운 속의 회사 사무실을 돌아다니며 암호를 풀고 제한 시간 내에 회사 비전인 'Food Business Partner Creating the Success Way'가 제시된 '미래의 방'에 도착하면 성공하는 방식이다. 게임을 하면서 직원들은 회사의 대표 및 경영진과 함께 편안한 분위기 속에서 역량 개발, 미래 이야기 등 쌍방향 소통을 나누었다고 한다.

네이버웹툰 〈기기괴괴〉

(출처: 네이버웹툰)

네이버웹툰도 메타버스 플랫폼인 '제페토'에 '기기괴괴' 방 탈출 공간을 공개할 예정이다. 네이버웹툰은 '기기괴괴'를 시작으로 '웹툰월드'를 제작하겠다고 발표했다. 웹툰월드는 유니버설스튜디오나 디즈니월드와 같은 테마파크지만, 가상공간에 있다는 것이 다른 테마파크들과의 차이점이다. 가장 먼저 공포 웹툰인 〈기기괴괴〉를 테마로 한 방 탈출 공간이 공개된다. 방식은 다른 방 탈출 게임과 유사하다. 각종 문제를 풀며 단서를 찾아 정해진 시간 내에 탈출하면 된다.

방 탈출 게임 'I Expect You To Die 2'

(출처: https://www.inven.co.kr/webzine/news/?news=261649&site=vr)

대규모의 메타버스 방 탈출 게임은 글로만 읽어서는 제대로 이해하기 어렵다. 언제 한번 친구 혹은 가족들과 시간을 내서 직접 즐겨보시기 바란다. 가끔 길을 걷다 스마트폰으로 플레이더월드 사이트에 접속한 채 방 탈출 게임을 즐기고 있는 사람을 마주칠 수도 있다. 그때 다가가서 이렇게 말을 건네자. "저도 그 감옥에 가고 싶어요."

5 │ 네가 알던 내가 아냐!

1 어느 것이 진짜일까요? 알아맞혀보세요, 딩동댕동!

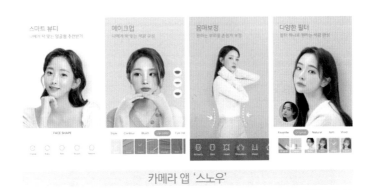

카메라 앱 '스노우'

(출처: 스노우)

다들 한 번쯤은 스마트폰으로 사진을 찍어봤을 것이다. 스마트폰에 기본적으로 설치되어 있는 기본 카메라 앱으로 촬영할 수도 있지만, 요즘은 앱 마켓에서 가장 많이 설치하는 앱 중 하나인 카메라 앱을 이용해 사진 촬영을 하는 경우가 대부분이다. 예를 들면 스노우, 소다 등의 카메라 앱들이 있다. 사람들은 단순히 멋지고 예쁘게 찍는 것을 넘어, 앱으로 보정된 모습도 본인의 모습이라고 생각한다. 앱을 이용해 외형적인 모습을 보정해 본인들이 바라는 이상적인 외형으로 '증강'하는 셈이다.

카메라 앱인 '스노우'가 사내 조직을 분사하여 탄생시킨 기업이 바로 제페토

(ZEPETO)이다. 제페토는 다양한 기능을 제공하는데, 그중 하나가 3D와 증강현실을 접목한 아바타 서비스다. 아바타는 메타버스 속에서 '나'를 대신해주는 캐릭터로, 다른 사용자들과 소통하거나 게임을 하고, 자신의 아바타를 꾸밀 수 있다.

제페토의 또 다른 주요 기능은 사용자의 제작 참여가 가능하다는 것이다. 제페토에서 제공하는 기능을 활용해 다양한 의상과 아이템을 직접 제작할 수 있고, 다른 사용자들에게 판매도 가능하다. 또한 아바타들이 즐길 수 있는 게임과 이벤트 공간을 사용자가 직접 만들 수도 있다.

2 하이브 메타버스? YG 메타버스?

메타버스 블랙핑크

(출처: http://mbiz.heraldcorp.com/view.php?ud=20211109000657)

BTS가 소속되어 있는 하이브는 70억 원, 블랙핑크가 소속되어 있는 YG엔터테인먼트는 50억 원을 제페토에 투자했다. 이 투자로 패션부터 엔터테인먼트에 이르기까지 폭넓은 콘텐츠를 확보하게 되었고, 세 회사가 보유한 글로벌 IP를 활용하여 긴밀하게 협업할 계획이라고 발표했다. 현실 세계에 엄청난 영향력을 가지고 있는 아티스트들이 이제 본격적으로 메타버스에 진출하기 시작한 것이다. 메타버스 속의 BTS와 블랙핑크가 탄생할 가능성도 무시하지 못한다.

③ 누가 뭐라 해도 난 나야!

메타버스 플랫폼 '제페토'
(출처: 제페토 홈페이지)

현실과는 다른 모습으로 메타버스에 존재하고 있는 '나'의 모습이 이상하고 어색해 보일 수도 있다. 또 다른 '나'가 다른 '나'들과 소통하고 꾸미고 노는 모습이 점차 흔한 모습으로 변해갈 수도 있다. 제페토는 이런 '나'에 대한 이상적인 욕구를 판타지 영역까지 확장한 셈이다. 현실 속 자신의 모습을 부정하고 메타버스 속의 자신의 모습만 인정하는 것이 아니라면, 두 개의 '나'를 기분 좋게 즐겨도 좋을 것 같다.

06 | 브이로그(V-log)? 아니 메타로그(Meta-log)

① 브이로그(V-log)란?

일상 브이로그 유튜브

(출처: Alice봉슬 유튜브)

유튜브에서 많은 사람들이 좋아하는 콘텐츠 중 하나인 브이로그(V-log)는 비디오(Video)와 블로그(Blog)가 합쳐진 말이다. 자신의 일상을 영상으로 만들어 유튜브, 블로그 등의 SNS에 공유하는 것을 의미한다. 직장에서 일하는 모습, 하루 종일 독서실에 앉아서 공부하는 모습, 식당이나 집에서 음식을 먹는 모습, 여행을 하는 모습 등의 콘텐츠를 촬영한다. 예전에는 다른 사람이 밥을 먹는 모습이나 공부하는 모습을 누가 궁금해할까 했겠지만, 요즘은 트렌드가 변했다. 누가 볼까 싶은 주제들을 영상 콘텐츠로 만들어 공유하면 많은 사람들이 보는 것이 현실이다. 한 통계에 따르면, 15~64세 인구의 45% 정도가 본인의 브이로그를 촬영하고 있다고 한다.

② 다른 사람들의 일상이 왜 궁금해?

일상 브이로그 유튜브

(출처: https://blog.hyosung.com/4647)

　　우리는 왜 다른 사람들의 일상을 찾아보는 것을 좋아할까? 그 이유를 몇 가지로 추측해보면 다음과 같다. 첫째, 정보를 얻기 위해서이다. 학교생활, 사회생활, 직장생활 또는 취미생활 등에 관한 정보를 얻고자 하는 목적이 크다. 둘째, 대리만족을 느끼려고 영상을 찾아본다. 비록 현재의 '나'는 할 수 없는 것들이지만, 영상 속 인물은 그 일들을 할 수 있을 때 '나'도 만족감을 느낀다. 마지막으로, 사람들과 소통하고 싶어서이다. 인간은 외로움을 느끼고 정서적으로 교감을 원하는 생물이라고 알려져 있다. 한 연구에 따르면, 외로움의 감정과 브이로그 시청률은 서로 상관관계가 있다고 한다. 요약하자면, 외로움을 많이 느낄수록 다른 사람들의 브이로그를 좋아하고 자주 볼 확률이 높다.

브이로그의 문제점 관련 뉴스

(출처: JTBC News 유튜브)

현재 유통 중인 많은 브이로그 영상들로 많은 문제가 발생하고 있다. 첫째, 타
인의 초상권 문제. 둘째, 직장에서의 업무 활동 노출. 셋째, 다른 사람들의 통행을
방해하는 것. 마지막으로 겸직의 문제. 이 문제들 외에도 다른 문제들이 계속해
서 발생하고 있다.

메타버스 브이로그

(출처: 국립어린이과학관 유튜브)

할아버지의 장례식장에서 브이로그를 찍던 손자가 혼이 난 사건이 있었다. 손자는 할아버지의 마지막 날을 간직하고 싶어서 영상을 촬영한 것인데, 어른들은 예의에 어긋난 행동이라고 비난했다. 이 사건을 접한 사람들은 '선을 넘었다'는 댓글을 달았다. 물론 여러 가지 시각에서 이 문제를 바라볼 수는 있겠지만, 모든 사람들의 '선'에 부합하기는 어려울 것이다.

그래서 앞으로는 메타버스를 이용한 브이로그 영상, 메타로그가 많이 공유되지 않을까 생각한다. 메타버스 속에서는 현실 세계의 브이로그로 인해 발생하는 많은 문제들이 문제가 되지 않기 때문이다.

메타버스 브이로그

(출처: 메타피아)

메타버스를 주도하는 MZ세대는 집단보다는 개인을, 브랜드보다는 제품의 스토리를 중시하고, 특히 취향을 중시한다. 이러한 특징은 브이로그 영상들에서도 엿볼 수 있다. 본인들이 직접 가지 않아도, 직접 소유하지 않아도 어느 정도 수준의 간접 체험을 할 수 있기 때문이다. 해외여행을 하고 싶으면 여행 유튜버의 브이로그를 보면 된다. 수억 원대 스포츠카를 운전해보고 싶으면 자동차 리뷰 유튜버의 브이로그를 본다.

세계 여행 브이로그, 고급 스포츠카 리뷰 브이로그 등의 영상을 접하며 MZ세대는 자신만의 개성이 담긴 스토리를 만들 수 있게 된다. 제품을 구매하기 전에 많은 리뷰 영상들을 보며 제품이 '나'와 맞는지를 따져보고, 어떻게 '나'의 개성으로 흡수할까 고민한다. MZ세대 이전에는 소비를 하는 데 중요한 정신이 '가성비'라고 한다면, MZ세대는 '가심비'라고 할 수 있다.

메타버스 브이로그

(출처: CU 유튜브)

이렇게 브이로그 형태의 영상물들을 통해 MZ세대는 본인의 취향과 스토리를 점점 완성한다. 그래서 브이로그 형태의 영상물은 앞으로 더욱 다양한 형태로 등장하게 될 것이다.

7 위버스, 광야, 엑소플래닛… 여기는 어디?

1 당신의 세계관은?

영화 〈어벤져스: 엔드게임〉

(출처: 월트디즈니코리아컴퍼니)

메타버스 이용자들에게 흥미를 끌 또 하나의 요소가 있다. 바로 '세계관'이다. 세계관이란 소설, 영화, 게임 등에서 설정된 일종의 배경을 뜻한다. 세계관 속에는 다양한 설정이 들어갈 수 있는데, 전체적인 이야기, 인물 간의 관계, 역할 등 여러 가지 내용들을 설정할 수 있다. 세계관이 완성도가 높게 정립되면 이용자들은 더욱더 빠져들게 된다. 많은 사람들이 사랑하는 영화와 소설에서 그 예를 살펴보면 <반지의 제왕>, <해리포터>, <어벤져스> 등이 있다.

이러한 세계관은 메타버스에서도 큰 역할을 한다. 메타버스를 이용해 콘텐츠를 확장해나가는 데 매우 중요하다. 메타버스 세계관을 활용해 성공한 사례가 있는데 바로 방탄소년단(BTS)이다.

코로나19로 인해 전 세계의 오프라인 투어 공연이 멈췄으나 방탄소년단은 메타버스를 활용해 투어를 기다리는 팬들에게 감동적인 경험을 선사했다. 증강현실 기술로 현실과 똑같은 공연을 기획하여 선보였고, 2020 엠넷아시안뮤직어워드(MAMA)에서는 어깨 수술로 인해 참석하지 못한 멤버를 증강현실로 구현해 함께 무대를 하는 연출을 보여주었다.

메타버스 플랫폼 '위버스'

방탄소년단은 자신들의 메타버스 행성인 '위버스(Weverse)'를 만들었다. BTS
의 소속사인 하이브(HYBE)에서 팬 커뮤니티 형성을 위해 구축한 위버스의 가입
자는 이미 2000만 명에 육박한다. 위버스에서는 방탄소년단이 직접 남긴 메시지
와 메타버스 공연을 관람할 수 있고, 굿즈숍이 있어 다이렉트로 구매도 가능하
다. 그리고 방탄소년단의 자체 예능 프로그램까지 시청할 수 있다.

하이브는 다수의 엔터테인먼트 기업들을 계속 인수하며 위버스의 규모를 확
장하고 있다. 미국의 유명 가수들, 아리아나 그란데(Ariana Grande)와 저스틴 비
버(Justin Bieber) 등이 소속된 기업을 인수해 위버스에 합류시켰다. 그리고 국내

아이돌 블랙핑크 또한 위버스에 합류할 예정이라고 한다. 이들은 유튜브 구독자 아티스트 랭킹 1~4위를 차지하고 있는 연예인들이다. 이렇듯 메타버스는 신흥 강자로 부상하여 기존의 공룡 플랫폼인 유튜브의 구독자들까지 유혹하고 있다.

2 위협에 맞서서 제껴라 제껴라 제껴라

아이돌 그룹 '에스파'

(출처: SM엔터테인먼트)

메타버스 세계관에 가장 최적화가 된 아티스트가 있는데, 바로 SM엔터테인 먼트 소속인 에스파다. 이들의 세계관은 현실 세계의 에스파와 메타버스의 아바 타들이 서로 소통하며 고난을 겪으면서 성장한다는 이야기를 바탕으로 한다. 에 스파는 아티스트 네 명과 아바타 네 명, 총 여덟 명의 그룹이라는 개념도 제시했 다. 게다가 에스파의 노래 가사로 그들의 세계관을 설명하거나 표현한다. 에스파의 가사를 보면 흔히 이해할 수 없는 단어들이 나오는데, 메타버스 세계관 내에서만 통용되는 단어이다.

Next Level — Aespa

Show me the way to KOSMO Yeah
Black Mamba가 만들어낸 환각 퀘스트
Aespa, ae를 분리시켜놓길 원해 그래
중심을 잃고 목소리도 잃고 비난받고
사람들과 멀어지는 착각 속에
Naevis 우리 ae, ae들을 불러봐
Aespa의 Next Level 'P.O.S'를 열어봐
이건 REAL WORLD 깨어났어
We against the villain
What's the name?
Black Mamba
결국 난 문을 열어
그 빛은 네겐 Fire
(Too hot too hot)
난 궁금해 미치겠어
이다음에 펼칠 Story
Huh!

I'm on the Next Level
저 너머의 문을 열어
Next Level
널 결국엔 내가 부셔
Next Level
KOSMO에 닿을 때까지
Next Level
제껴라 제껴라 제껴라
I'm on the Next Level
더 강해져 자유롭게
Next Level
난 광야의 내가 아냐
Next Level
야수 같은 나를 느껴
Next Level
제껴라 제껴라 제껴라

1) æ: 아이(æ)란 인간이 만든 아바타를 의미하고, 아바타는 인간이 만든 데이터가 조합되어 인격이 만들어졌으며 자유의지를 가지고 생각하고 행동할 수 있음.

2) Flat: 아이(æ)가 사는 가상세계를 의미함.

3) Synk: 인간과 아이(æ)가 연결된 상태를 말하며, 연결이 끊어진 상태를 Synk Out이라고 함. 인간과 아이(æ)가 커뮤니케이션을 통해 상호 교감하고 공유할수록 게임처럼 Synk Level이 증가하게 되고, Synk Level이 최대가 되었을때 아이(æ)가 현실 세계로 들어올 수 있음.

4) Recall: 위에 언급하였듯, 싱크 레벨이 맥시멈이 되었을 때 현실 세계로 돌아오는 것을 Recall(리콜)이라고 함.

5) Port of Soul: 현실 세계와 Flat를 이어주는 통로이며, 게임에서 자주 사용되는 한 장소에서 다른 장소로 이어주는 포탈(Portal)이라고 생각하면 이해가 쉬움. 다만, 인간은 Port of Soul를 통과할 수 없음.

6) 나비스(Nævis): 가상세계인 Flat에 존재하고, 인공지능이 인간과 아이(æ)를 연결하는 데 도움이 됨. 추후에는 '광야'의 문을 열 수 있음.

7) Black Mamba: 블랙맘바는 인간과 아이(æ)의 연결 상태인 Synk를 방해하는 존재이며, 환각을 일으켜 인간과 아이(æ)를 분리시키고 광야를 배회하는 존재임.

8) 광야(KWANGYA): 광야는 가상세계인 Flat를 넘어 무한의 영역을 의미함. 아이(æ)와 에스파의 싱크를 방해하는 블랙맘바를 찾아 떠나는 장소가 광야임. 에스파의 Next Level 뮤직비디오를 보면 블랙맘바를 찾기 위하여 아이(æ)와 에스파가 함께 떠나는 장면을 볼 수 있음.

9) 마이(MY): 마이는 광야에서 '가장 소중한 존재 혹은 친구'라는 의미이며, 에스파의 팬클럽(팬덤명) 명칭도 'MY'임.

스티븐 스필버그의 영화 <인셉션(Inception)>처럼 사람의 경험과 가치관에 따라 에스파의 세계관은 다르게 해석될 수 있다고 한다. 유저들이 세계관을 이해하고 자발적으로 2차 콘텐츠를 제작하여 해석함으로써 마블처럼 강력한 팬덤이 구축되고 있으며 바이럴 마케팅(Viral Marketing)을 통해 더 많은 팬들을 모으고 있다.

아이돌 그룹 'EXO'

(출처: https://www.deviantart.com/kpop2pm/art/EXO-Mama-304442633)

2011년 데뷔한 엑소(EXO)도 메타버스 세계관의 이야기를 담고 있다. 세계관 속 그들은 태양계 외행성을 뜻하는 엑소플래닛(Exoplanet)에서 온 비범한 능력을 지닌 소년들로, 각각의 멤버들은 빛, 물, 불, 바람 등과 같은 힘을 지니고 있다는 설정이다. 팬들은 SM 기획사가 설정한 세계관을 해석하는 것뿐만 아니라 자신의 상상력과 기획력을 덧붙여 팬픽(팬이 직접 쓰는 소설) 및 팬 웹툰 등 2차 콘텐츠를 제작하였고, 행사를 열어 팬들끼리 콘텐츠를 판매하고 교환했다.

K-POP 팬들이 한국 문화에 매료되어 유학을 오는 경우가 많은데, 이들이 K-POP과 관련한 주제로 졸업 논문을 작성하는 경우가 결코 적지 않다. 한 유학생은 트랜스미디어 스토리텔링 기반 팬덤을 활용한 마케팅 전략 연구(EXO 사례 중심)로 논문을 작성하였으며, 국회도서관 검색에 '팬덤', '마케팅', '스토리텔링' 키워드로 검색하면 수많은 세계관 사례를 찾아볼 수 있다.

③ 태양계보단 메타버스계?

영화 〈주먹왕 랄프2〉

(출처: 영화 〈주먹왕 랄프2: 인터넷 속으로〉)

이렇게 확실하고 꼼꼼하게 설정된 메타버스 세계관은 소속 아티스트들의 콘텐츠를 무한으로 확장하게 해준다. 시간과 공간의 제약이 없어 아티스트와 팬들에게 편리하고 유용하다. 메타버스 관련 기술이 더 발전하고 팬들이 메타버스 세계관으로 더 모인다면, 메타버스 아티스트 행성으로 떠나는 여행 역시 자유로워질 것이다. 단순히 소속사에서 제시하는 세계관만을 활용하는 것이 아니라 팬들이 직접 메타버스 세계관에 참여함으로써 2차 콘텐츠가 생산되고, 파급력은 상상을 뛰어넘을 것이다.

08 명품 브랜드가 왜 계속 게임 속에서?

1 게임과 명품 브랜드의 만남

게임 '리그 오브 레전드'와 패션 브랜드 '루이비통'의 협업

(출처: Riot Games)

프랑스 명품 브랜드인 루이비통은 세계적인 게임인 리그 오브 레전드(League of Legend, LoL)와 손을 잡았다. 리그 오브 레전드는 150여 가지의 역할을 가지고 있는 캐릭터들을 선택해 전투를 벌이는 게임이다. 리그 오브 레전드 세계 대회인 롤드컵(LOL + 월드컵)은 전 세계적으로 유명한데, 대한민국 인구보다 많은 7400만 명의 시청자 수를 기록했다고 한다.

게임 '리그 오브 레전드'와 패션 브랜드 '루이비통'의 협업

(출처: https://visla.kr/news/fashion/104407)

루이비통은 리그 오브 레전드(이하 LoL)와 두 가지 방향으로 브랜드 가치를 알리고 있다. 첫 번째로는 게임 속에서 사용하는 캐릭터들의 스킨에 루이비통 브랜드 로고를 새기는 방식이다. 스킨(Skin)은 게임 캐릭터의 모습이나 화면을 꾸밀수 있는 일종의 아이템과 같다. 예를 들자면 옷이나 배경과 같은 것들이다. 루이비통 스킨을 사용하고 싶은 게임 이용자라면 돈을 지불하고 구매하면 된다.

게임 '리그 오브 레전드'와 패션 브랜드 '루이비통'의 협업

(출처: 루이비통)

그다음 방향으로는, 실제 루이비통 상품에다가 LoL의 로고나 캐릭터 등을 새겨서 판매하는 것이다. 게임 그림이 새겨진 명품이 잘 팔릴까 걱정할 수 있지만, 대중적으로 판매한다는 개념보다 마니아층을 공략한 마케팅이라고 생각하면 된다. 가격의 경우 기존 루이비통 제품들과 비슷한 수준이다.

패션 브랜드 '버버리'의 메타버스 게임 'B서프'

(출처: 버버리)

이번에는 영국의 명품 브랜드인 버버리가 직접 게임을 제작해서 본인들의 브랜드 가치를 홍보하는 이야기이다. 버버리가 발표한 게임은 B서프(B-surf)라는 이름의 서핑 게임으로, 게임 이용자들과 서핑 경주를 하기 위해서는 서핑 의상과 보드를 선택해야 하는데, 게임에서 제공하는 의상과 보드가 모두 버버리의 제품이다. 버버리는 게임 속 제품들을 이용자들에게 무료로 배포했다. 게임 속에서 즐겼던 버버리 제품을 현실 세계에서도 좋아하기를 바라는 마음을 담은 것이다.

마케팅 기업인 PMX는 2025년까지 세계 명품 시장 고객의 약 50%를 Z세대가 차지할 것이라고 예상하고 있다. 루이비통과 버버리는 해당 데이터를 참고하여 Z세대와의 소통과 이해를 위해 노력하고 있는 것으로 보인다. 앞서 언급했던 마인크래프트, 로블록스, 포트나이트 등의 메타버스 세계 유저들 대부분은 젊은 세대이며, 그들과 함께 융합되어야 기업들의 미래 먹거리를 유지하고 발굴할 수 있다.

나이키의 메타버스 광고

(출처: https://www.wk.com/work/nike-camp-next-level-2020)

메타버스에 수많은 사람들이 열광하는 것을 캐치한 나이키도 이 기회를 놓치지 않았다. 나이키는 롤드컵 기간에 맞춰서 최초의 가상 스포츠 광고를 제작했다. 광고는 가상 스포츠 팀이 경기 연습을 하는 과정을 재미있게 담아냈다.

나이키는 포트나이트에도 손을 뻗었다. 포트나이트 이용자들은 그 속에서 나이키의 제품들을 신고 돌아다닐 수 있고, 미국 프로풋볼리그(NFL) 기간에는 소속팀을 상징하는 나이키의 가상 옷을 입을 수 있다. 나이키 브랜드를 착용한 유저가 월드를 플레이하면 자연스럽게 움직이는 광고판이 되며, 인플루언서가 해당 아이템을 착용하게 된다면 팬들에게 구매욕을 일으킨다.

메타버스 게임 '모여봐요 동물의 숲'에서 LG전자 세계

(출처: http://www.dpick.co.kr/?p=5263)

국내 기업인 LG전자도 메타버스 플랫폼인 '모여봐요 동물의 숲(이하 동물의 숲)'에서 LG 올레드 TV를 광고하는 '올레드 섬' 공간을 제작했다. LG전자가 인공지능 기술을 이용해서 만든 가상인간 '김래아'도 등장한다. 동물의 숲을 즐기는 사용자들은 방문 코드(꿈번지)를 입력하면 누구나 올레드 섬에 방문할 수 있다. 섬에서는 스포츠, 게임, 영화, 라이프스타일 디자인 등 콘셉트에 맞춰 꾸며진 다양한 LG 올레드 TV 제품들을 구경할 수 있다. 또한 LG전자는 게이머들에게 LG 올레드 TV를 보다 효과적으로 알리기 위한 재미 요소도 준비했다. 올레드 섬에 방문한 게이머들은 마치 보물찾기를 하는 것처럼 섬 곳곳에 숨겨진 LG 올레드 TV를 찾는 이벤트에 참여할 수 있다.

이렇듯 많은 기업들이 본인들의 제품을 알리기 위해 메타버스 세계로 진출하고 있다. 이제 광고 시장은 메타버스 세계를 준비해야 하고 새로운 시장으로 도약해야 한다. 우리는 새로운 메타버스 플랫폼에서 가상인간들과 함께 현실과 가상에서 생활하게 될 수도 있다. 이러한 상황을 고려해 광고가 제작되어야 한다. 메타버스 플랫폼으로 점점 더 많은 사람들이 모여들고 있으며, 돈의 흐름도 빠르게 흘러가고 있다. 그 속에는 당연히 광고도 있어야 한다. 앞으로 표현할 수 있는 범위가 더 넓어진, 메타버스에 특화된 광고를 제작할 광고 제작자들의 노고에 미리 박수를 보낸다.

09 〈펜트하우스〉 후속 작품, (제)펜토하우스

① 인터넷 소설, 웹 드라마가 아닌 제페토 드라마!

제페토 드라마

(출처:
https://www.youha.info/influencers/youtube-channels/e7fd2483-f6
99-46a7-b6f5-78aed0c7b389)

2000년대 초반에서 중반 사이에 10대 청소년들 사이에서 인기를 끌었던 '인 터넷 소설'이 새로운 형태로 재탄생했다. 일종의 드라마 형태로 메타버스에서 제작되고 있는 것이다. 제페토(ZEPETO)에서는 자신과 타인의 캐릭터를 활용해 사용자들이 직접 드라마를 제작한다. 꾸미는 게임을 좋아하는 유튜버 '월간'은 제페토를 초기부터 이용해 제페토 드라마를 제작하기 시작했다. 그는 "인터넷 소설을 영상으로 만든 것이 제페토 드라마라고 볼 수 있어요. 이제는 무엇이든 유튜브에서 찾아보잖아요. '웹 드라마'의 유행처럼 10대들이 직접 만든 '제페토 드라마'라는 장르도 그래서 유튜브에서 유행하는 것 같아요"라고 설명했다.

제페토 드라마

(출처: 이호 유튜브)

또 다른 제페토 드라마 유튜버 '이호'는 '남사친이 남친이 되는 순간', '일진이 착해지는 과정' 등의 작품을 제작해 청소년들의 관심을 끌고 있다. 그 당시 유튜버 '이호'는 막 고등학교에 입학한 학생이었지만 MZ세대가 선호하는 콘텐츠를 정확히 파악하여 많은 유저들의 사랑을 받고 있다. 한편으로는 제페토 아바타 의류를 디자인하면서 수익을 올리기도 한다. 제페토에서 발표한 자료에 의하면, 플랫폼 내에서 창작을 하는 크리에이터는 200만 명을 초과했다. 이를 다르게 표현한다면 기업 입장에서는 200만 명의 의류 디자이너를 보유하고 있는 셈이다.

실제로 유튜브에서 제페토 드라마를 검색하면 수많은 드라마를 찾을 수 있다. 제페토라는 메타버스 플랫폼이 가상현실의 아바타 캐릭터를 만들기는 했지만, 사용자들은 다양하고 창의적인 생각을 더해 새로운 콘텐츠를 생산하고 그 문화를 즐긴다.

② 제페토 드라마는 어떻게 만드는 거야?

메타버스 제작 플랫폼 '제페토 스튜디오'

(출처: 제페토 스튜디오)

　제페토 드라마에 등장하는 캐릭터들의 연기를 제작하는 것은 의외로 간단하다. 제페토 앱을 설치하면 외모, 머리 스타일, 의상, 메이크업 그리고 액세서리까지 모두 취향대로 꾸밀 수 있다. 외형이 꾸며진 캐릭터를 이용해 표정을 만든다. 표정은 사용자가 지은 표정을 그대로 적용시킬 수 있고 제페토 내에서도 표정과 제스처를 제공하고 있다. 이렇게 외형이 완성된 캐릭터를 영상 편집 앱을 이용해 이야기에 맞게 배치하고, 자막과 배경 음악 등을 넣어주면 드라마가 완성된다. 디자인 업종에 종사하거나, 디자인 툴 프로그램을 잘 다룰 수 있는 사용자들을 위한 3D 템플릿도 있다. 현재 50만 명이 넘는 사용자들이 제페토 스튜디오 기능을 이용해 1500만 개가 넘는 아이템을 제작했다고 한다.

메타버스 제작 플랫폼 '제페토 스튜디오'

(출처: 제페토 스튜디오)

이러한 제페토 드라마를 비롯한 사용자들이 직접 생산한 콘텐츠를 UGC(User Generated Contents)라고 한다. 사용자가 콘텐츠를 제작하고, 편집하고, 직접 유통까지 한다는 의미이다. 제페토에서만 생산된 영상물만 10억 건이 넘는다고 한다. 사용자들은 유튜브와 같은 동영상 플랫폼으로 영상을 공유해 제페토 홍보를 톡톡히 하고 있다.

2020년 제페토 스튜디오 서비스를 처음 공개했을 때만 해도 제작에 참여한 이용자는 6만여 명이었고, 제작된 아이템 수는 약 2만 개였다. 하지만 오늘날 제페토 내의 크리에이터 수는 그보다 8배가 늘어난 약 50만 명. 아이템 수는 약 750배가 증가해 1500만 개. 엄청난 성장세다. 지금도 끊임없이 사용자들이 본인의 콘텐츠를 제작하고 판매하면서 메타버스 속에서 뛰어다니고 있을 것이다.

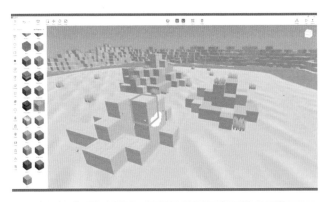

메타버스 제작 플랫폼 '제페토 스튜디오'

과거의 게임 콘텐츠들에서는 제작자들과 디자이너들이 이미 만들어놓은 제품과 환경을 사용자들이 이용만 하는 구조였다. 사용자들은 제공된 환경에서만 움직여 목표를 달성할 수 있었다. 하지만 메타버스 게임 콘텐츠들에서는 사용자들이 콘텐츠를 직접 개발하고 환경을 만들어간다.

사용자들이 만든 콘텐츠가 곧 메타버스 그 자체이다.

CHAPTER

10 가수 '싸이'도 이젠 메타버스에서 대학 축제를?!

① 대학교의 모든 것을 집에서 즐기자

영남대학교 메타버스 세계

(출처: https://www.etnews.com/20210811000182)

캠퍼스의 낭만을 가지고 대학교로 입학하는 예비 대학생들이 있었을 것이다. 하지만 코로나19로 인해 학교에 갈 수 없었고, 코로나19 팬데믹의 장기화에 따라 대학교 강의들은 온라인 수업으로 대체되었다. 이러한 상황에서 가상세계인 메타버스 관련 기술이 발전하면서 대학교는 이전과는 다른 모습으로 재탄생하고 있다.

메타버스 안에 대학교 캠퍼스가 들어서기 시작했다. 현실감을 높이기 위해 현실 세계의 모습과 거의 비슷한 형태로 제작한다. 대표적인 예가 바로 영남대학교다. 영남대학교 학생들은 메타버스 플랫폼인 '마인크래프트'를 이용해 학교 캠퍼스를 만들었다. 철학, 컴퓨터공학, 화학, 신소재공학, 영어영문학, 가족주거학, 시각디자인 등 다양한 전공자들이 모인 영남대 마인크래프트 동아리 YUMC(Yeungnam Univ. Minecraft Server)가 이 작업을 주도했다고 한다. 2020년 2월 창립된 YUMC 회원 300여 명은 자발적으로 마인크래프트 속에 캠퍼스를 꾸몄다. 영남대를 상징하는 중앙도서관부터 학생회관, 강당, 국제교류센터 등 건물들을 현실 세계 모습과 거의 흡사하게 제작했다. 학생들은 본인들의 아바타를 이용해 다른 학생들과 맛집, 시험 정보, 강의 정보 등의 내용을 공유하고, 입학식과 같은 학교 내의 여러 행사들도 개최하고 있다.

건국대학교 메타버스 세계

(출처: http://student.konkuk.ac.kr/)

건국대학교도 축제를 메타버스에서 개최했다. VR 게임 기업인 '플레이파크'와 함께 제작한 '건국 유니버스'에서 진행했고, 아바타를 통해 접속한 뒤 킥보드를 타고 축제를 즐겼다고 한다. 아바타를 이용해 캠퍼스 여기저기를 다니면서 이벤트를 하고 방 탈출 게임 등의 게임도 했다. 숭실대학교는 봄 축제를 게더타운에서 진행했고 다른 학교들처럼 캠퍼스 건물들을 실제 세계 그대로 옮겨놓았다. 공학관, 중앙분수대 등 학내 주요 시설과 홍보 부스를 만들었으며, 부스에 앉아 있는 선배 아바타에게 신입생 아바타들이 다가가면 자동으로 대화가 연결되었다.

숙명여자대학교 메타버스 세계

(출처: https://blog.uplus.co.kr/4231)

숙명여자대학교는 자체적으로 개발한 메타버스 캠퍼스 '스노우버스(Snowverse)'에서 대학 축제인 '청파제'를 열었다. 총 2200여 명의 학생들이 참여해 달리기 시합과 아바타 탑 쌓기 등 축제를 즐겼다고 한다. 경희대도 120개 기업과 함께 스마트 노인 돌봄을 위한 '고령친화산업—고령친화기술(AgeTech) 기업 네트워킹' 행사를 메타버스에서 열었다. 경희대가 만든 메타버스에는 실제 세계의 노천극장과 평화의 전당, 동서의학대학원 등이 똑같이 만들어졌다.

이 밖에 고려대학교는 올해 하반기 응원 오리엔테이션 행사를 메타버스 플랫폼인 '이프랜드(ifland)'에서 개최했고, 연세대학교도 동아리 박람회를 메타버스에서 진행했다.

③ 축제 싫어? 그럼 전시관은 어때?

성균관대학교 메타버스 전시관
(출처: 성균관대학교 인공지능혁신공유대학사업단)

성균관대학교와 전남대학교는 메타버스 세계에서 전시회를 열고 특별한 작품들은 선보였다. 성균관대학교의 인공지능 혁신공유 대학 사업단은 'SKKU AI+Metaverse Exhibition'이라는 주제로 메타버스 플랫폼 '스페이셜(Spatial)'에서 전시회를 진행했다. 메타버스 전시관을 찾은 관람객들은 아바타를 이동시키면서 작품들을 감상했다. 현실 세계의 전시관에서는 조용히 관람해야 하지만, 메타버스 전시관에서는 다른 이용자들과 의견을 주고받을 수 있어서 자유로운 소통이 가능하다는 장점도 있었다.

전남대학교 메타버스 전시관

(출처: 전남대학교)

전남대학교는 '화합'을 주제로 메타버스 플랫폼에서 국제 기획초대전을 진행했다. 예술 및 디자인과 테크놀로지를 융합한 창작 활동 지원을 통해 국내외 작가와 디자이너의 국제 네트워크 확장 기회를 제공하고자 메타버스 전시를 마련했다는 게 전남대학교 측의 설명이다. 전남대학교는 메타버스 전시를 통해 신기술을 활용한 체험형 콘텐츠 개발 등 창의융합적 사고와 콘텐츠 연구 역량을 키우겠다고 밝혔다.

11 | 박물관이 살아 있다!

① AR(증강현실)로 과거를 그대로 보여주는 박물관

문화체육관광부의 AR 관광지 광고 콘텐츠

(출처: 문화체육관광부)

메타버스 기술이 널리 퍼지면서 영향을 받은 또 다른 분야가 있다. 바로 역사·예술계다. 박물관이나 미술관 등에서 유물이나 작품 설명에 AR(증강현실) 기술을 이용하는 시도가 활발하게 일어나고 있다. 서울 국립중앙박물관은 AR 기술을 이용해 관람객들이 유물들의 다양한 정보를 스크린에서 보고 들을 수 있게 구성해놓았다. 관람객이 서 있는 방향을 감지해서 유물의 형태 등을 인식한 다음 관련 정보들을 스크린에 글이나 이미지의 형태로 나타낸다.

이로써 역사 공부를 책이나 선생님을 통해서 하지 않고, 보다 실감 나는 화면을 통해 학습하는 효과가 일어난다. 화면을 통해 유물을 접하게 되면, 유리나 벽으로 막혀 있어서 보지 못했던 유물을 다양한 각도로 관찰할 수 있고 유물들이 제작된 이유나 배경도 함께 학습할 수 있다. 예를 들어, 국보 280호 천흥사 종은 AR 기술을 이용해 스마트폰의 카메라 기능을 켜서 비추면 실제 종소리가 나도록 만들어졌다. 문화 유적지나 절을 방문하게 되면 종이 있어도 유적 보호 차원에서 접근이 불가능하고 실제로 타종을 할 수 없지만, 이제는 AR 기술로 간접 경험을 함으로써 더 많은 경험과 콘텐츠를 전달할 수 있게 되었다.

② 해외 박물관도 AR 기기를 활용

'뮤지엄아이' AR 기기

(출처: Ramy Hammady 유튜브)

세계에서 가장 큰 박물관 중 하나인 카이로 박물관은 무려 12만 개의 작품을 오프라인으로 전시하고 있는데, 최근 마이크로소프트(MS) 홀로렌즈 AR 헤드셋을 활용한 뮤지엄아이(MuseumEye)라는 프로그램을 개발했다. 뮤지엄아이는 박물관과 같은 실제 공간에 가상공간을 결합하는 공간 매핑(Mapping) 프로그램이다. 이러한 프로그램을 만들기 위해 박물관 측은 관람객들의 유형과 관람 경로 및 순서 등 다양한 조사를 실시하고, 관람객들이 관람한 것들은 물론 관람 시간까지 확인했다. 그 결과로 알아낸 사실은 가장 많은 관람객들이 오래 머무르는 곳이 바로 오래된 유물이 있는 곳이라는 점이었다. 카이로 박물관은 이 결과를 바탕으로 파라오 유물이 있는 위치에 가상공간을 결합해 관람객들에게 설명을 진행했다. 관람객들은 가상 파라오의 설명에 매우 높은 관심을 보였고, 실제로 이집트의 역사를 경험한 것 같았다고 반응했다.

미국 뉴욕의 현대 미술관

(출처: https://vrscout.com/news/artists-ar-takeover-museum-of-modern-art/)

미국 뉴욕에 위치한 현대 미술관도 AR 기술을 이용해 관람객들에게 색다른 경험을 주었다. 현대 미술관 5층에 있는 잭슨 폴록(Jackson Pollock) 갤러리에서 진행한 AR 이용 행사로 많은 사람들의 이목을 끈 것이다. 갤러리 앱을 설치하고 AR 앱을 통해 잭슨 폴록의 그림들을 리믹스 혹은 완전히 교체하는 식의 방식으로 시각화했다. 많은 관람객들이 일반적인 갤러리에서 느낄 수 없는 색다른 경험을 했다고 전했다. 달라스(Dallas)에 자리 잡은 휘트니 미술관(Whitney Museum of American Art)의 미술 역사학자인 맥스웰 앤더슨(Maxwell Anderson)은 이 행사와 관련해 박물관들이 관객 친화적인 이미지를 추구하고 있다고 평가했다. 그만큼 사람들의 관심과 이목을 끌기 위해 메타버스와 관련된 기술이 미술, 예술에 더욱 스며들 것으로 예상된다.

❸ 영웅의 이야기도 AR로 보고 듣는다

미국 케네디 우주 센터

(출처: Kennedy Space Center)

미국 플로리다주에 있는 케네디 우주 센터(Kennedy Space Center)에는 영웅 전설 박물관(Heroes&Legend)이 있다. 이곳에서는 AR 기술로 건물 전체 공간을 활용해 우주 비행사의 이야기를 보고 들을 수 있다. 이곳에서 우주 비행사의 생생한 이야기를 체험한 많은 어린 학생들이 우주 비행사의 꿈을 가졌다고 한다.

④ 상상과 현실의 여행

공룡 AR 콘텐츠

(출처:
https://post.naver.com/viewer/postView.nhn?volume
No=5716957&memberNo=25735367)

이처럼 매력적인 AR 기술은 교육 분야에서도 빛을 보고 있다. 미술관과 박물관에서는 현장을 재현한 것처럼 만들어 관람객들에게 문화적 또는 역사적 경험을 할 수 있게 돕고, 미래에 관한 상상의 나래를 펼쳐주게끔 유도한다. 초등학교 수업에서 공룡을 배울 때, AR 기술로 학습한다고 가정해보자. 아이들은 공룡들이 살았던 시대, 기후, 생명체, 공룡의 크기, 모양 등등의 정보들을 단숨에 경험할 수 있다. 이러한 정보들은 아이들의 창의력과 상상력 향상에 도움이 된다. 궁극적으로 교육 분야에 긍정적인 변화를 가져올 기술임은 분명하다.

이제 모든 것들을 백문불여일견(百聞不如一見) 할 수 있게 되었다.

12 | 더 이상 쇼핑 실패는 없다

1 가상 피팅으로 나에게 맞는 물건을 구매하자

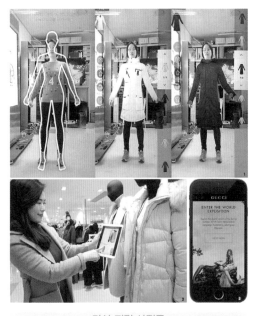

가상 피팅 사진들

(출처: https://jmagazine.joins.com/forbes/view/321040)

이전 챕터에서 잠깐 언급했었던 가상 피팅(Virtual Fitting)에 관해 좀 더 알아보자. 온라인 시장이 커지고 있는 오늘날에는 상품을 직접 보지 못한 채 사진과 영상으로만 보고 판단해 구매해야 한다. 하물며 온라인 쇼핑몰 모델들의 체형, 피부색 등 신체 조건도 나와는 다르기 때문에, 나와 잘 어울릴지 판단하기가 더욱 어렵다. 이러한 온라인 구매의 어려움을 해결해주는 기술이 바로 가상 피팅이다. 가상 피팅은 인공지능 기술(AI)과 증강현실 기술(AR)을 결합하여 사용자가 가상으로 본인의 옷, 안경, 화장품, 헤어스타일까지도 비교적 정확히 예측할 수 있는 기술이다. 스마트폰이나 AR 기기 등을 이용해 상품들을 착용한 본인의 모습을 직접 확인할 수 있어 구매의 어려움을 덜어낼 수 있다.

② 옷을 입어보고 사자

LG 씽큐 핏

(출처: LG Global 유튜브)

가상 피팅은 당연히 옷에도 적용할 수 있다. LG전자는 LF 패션 브랜드 헤지스(HAZZYS)와 협업해서 신개념 가상 피팅 기술을 선보였다. 바로 '씽큐 핏(ThinQ Fit)'이다. 씽큐 핏은 3D 카메라를 이용해 사용자의 신체 치수를 정확히 측정하고 이를 바탕으로 가상 아바타를 형성한다. 물론 사용자가 옷을 입은 상태에서도 정확한 측정이 가능하다. 그리고 체험 공간에 설치되어 있는 스마트 미러(대형 스크린)나 스마트 기기로 아바타를 나타나게 한다. 사용자가 입어보고 싶은 옷들을 그 아바타에게 마음껏 입혀볼 수 있는데, 실제 느낌과 매우 비슷하게 설정되어 있으므로 옷의 색상, 스타일, 조임이나 헐렁함 정도까지도 확인할 수 있다. 이렇듯 가상 피팅 기술을 쇼핑 생활에 적용하면 오프라인 매장을 직접 찾는 불편함을 덜고, 옷이 자신에게 맞을지 고민하는 일도 줄일 수 있다. 더욱이 해외에서 제작된 옷들의 경우에도 사이즈 실패는 없을 것이다.

③ 안경도 써보고 쓰자

안경 쇼핑 앱 '라운즈(ROUNZ)'

(출처: https://m.news.zum.com/articles/59689777)

옷뿐만 아니라 안경 업계도 가상 피팅 서비스를 제공하고 있다. 이스트소프트 (ESTsoft)에서 출시한 안경 쇼핑 앱인 라운즈(ROUNZ)다. 라운즈는 안경을 쓴 사용자 자신의 모습을 실시간으로 확인할 수 있는 가상 피팅 서비스를 제공하고 있다. 라운즈에서 제공하는 안경의 개수는 4000개를 넘고, 얼굴형에 따라 안경을 추천하는 기능도 있어서 사용자들은 추천 안경 목록에서 안경을 선택해 착용해 볼 수 있다. 안경을 추천받아 구매한 고객들의 수가 일반 고객보다 4배나 높았다고 한다.

④ 헤어스타일까지 가상 피팅으로?

헤어스타일 가상 피팅 앱 '헤어핏'

(출처: https://platum.kr/archives/84274)

이제는 헤어스타일까지 가상 피팅이 가능해졌다. 버츄어라이브(Virtualive)가 운영하고 있는 헤어스타일 가상 피팅 앱인 헤어핏(Hairfit)에서 가능하다. 자신에게 어울리는 헤어스타일을 미리 확인할 수 있다면 미용실 직원에게 따지는 일도 줄어들 것이고, 헤어핏은 그런 소비자들의 필요를 충분히 만족시켜주고 있다. 헤어핏은 본질적으로 카카오 헤어숍처럼 헤어 시술을 원하는 고객들과 디자이너를 연결해주는 O2O(Online to Offline) 플랫폼이다. 여기에 인공지능 기술과 증강현실 기술을 결합해 가상 피팅이라는 서비스를 제공한다. 머리 길이부터 컷, 펌, 염색 등의 스타일링까지 다양한 스타일을 자신의 얼굴에 적용해볼 수 있다.

헤어스타일은 옷과 같은 상품들과는 다르게 헤어 디자이너가 그 모습을 제대로 구현해내는 것도 중요하다. 여기서 헤어핏의 경쟁력이 드러난다. 헤어핏은 해당 헤어스타일을 연출할 수 있는 디자이너를 추천해 고객과 바로 연결해준다. 이 과정에서 고객과 디자이너의 소통에도 도움을 줄 수 있으므로 고객 만족도가 더욱 올라갈 수 있다.

⑤ 가상 피팅의 재미, 화장품

메이크업 가상 피팅 앱 '모디페이스'

(출처: 모디페이스)

세계적인 화장품 브랜드 로레알(Loreal)은 캐나다의 AR 인공지능 기업 '모디페이스(ModiFace)'를 인수하여 메이크업 테스트를 해볼 수 있는 서비스를 제공한다. 소비자들은 스스로 본인 피부를 진단하고 다양한 화장품을 가상으로 체험해볼 수 있으며, AR 기술을 이용해 자신들의 머리 색깔과 화장품 파운데이션 톤 등을 바꿔가며 재미있게 가상 화장품 피팅을 할 수 있다. 화장을 막 배우기 시작한 젊은 세대는 본인의 피부 톤에 맞는 색상을 찾을 수 있고, 화장품 구매 실패를 낮출 수 있어 이용 시간이 높은 앱 중 하나다.

Metaverse

05

메타버스
플랫폼

Metaverse

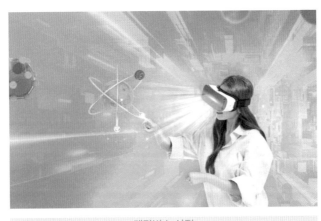

메타버스 사진

(출처: https://www.cctvnews.co.kr/news/articleView.html?idxno=230953)

2025년 약 385조 원, 2030년 약 1246조 원. 이 엄청난 숫자는 메타버스 시장 규모를 예측한 수치다. 이미 많은 사람들이 메타버스 플랫폼에 접속하여 플레이하고, 유저들은 메타버스를 통해 콘텐츠를 구매함으로써 수익을 창출하고 있기 때문이다. 완전한 메타버스를 구현하기 위해서는 하드웨어 기술뿐만 아니라 소프트웨어 기술도 필요하다. 이를 이용해서 새로운 사업 기회를 창출하려는 사람들까지 모두 메타버스 플랫폼에 거는 기대가 크다. 사람들의 기대를 많이 받고 있는 최전선의 메타버스 플랫폼을 살펴보자.

01 | 메타버스 선두 주자, 로블록스

1 메타버스 선두 주자, 로블록스(Roblox)

메타버스 게임 '로블록스'

(출처: 로블록스)

　로블록스(Roblox)는 유명한 메타버스 플랫폼 중 하나다. 2004년에 미국에서 창업해 2006년 본격적인 서비스를 시작했는데, 마인크래프트와 비슷해 샌드박스 게임에 포함된다. 국내에서는 로블록스보다 마인크래프트 사용자가 더 많다. 그래서 로블록스가 마인크래프트를 모방해서 만들어진 것이라고 오해하는 경우가 있지만, 만들어진 시기는 로블록스가 더 빠르다.

메타버스 게임 '로블록스'

(출처: 로블록스)

　로블록스 사용자 규모는 2020년에 이미 1억 명을 넘어섰다. 6~16세 사이의 사용자가 주를 이루고 있으며, '미국 초등학생들에게 가장 인기 있는 게임'으로 알려져 있다. 미국의 13세 미만 아이들은 유튜브보다 로블록스에서 2.5배 정도 더 시간을 보내고 넷플릭스보다는 16배 정도 더 많은 시간을 로블록스에서 보냈다고 한다. 로블록스에서는 사용자들이 직접 창작자 역할을 할 수 있다. 가상세계를 만들어 다른 사용자들에게 제공하면서 수익을 창출하는 개념이다. 그렇게 돈을 버는 사용자들이 점점 늘어나고 있다.

　로블록스는 정확히 말하자면 게임 플랫폼이다. 로블록스를 실행하면 첫 화면에 수백 가지의 게임이 등장하고 사용자가 원하는 게임을 선택해서 즐길 수 있다. 게임이라고 해서 다 같은 게임은 아니고, 다양한 게임이 존재한다. 로블록스에서 제공하는 '로블록스 스튜디오(Roblox Studio)'를 이용하면 사용자를 포함한 누구든 쉽게 게임을 만들 수 있다. 그래서 게임 자체의 완성도는 그리 높지 않은 편이지만, 그것을 메타버스의 매력으로 여기는 사람도 많다.

미국 래퍼 릴 나스 엑스의 메타버스 콘서트

(출처: 로블록스)

로블록스는 많은 수의 사람들을 확보한 만큼 메타버스 플랫폼을 이용해 각종 이벤트도 연다. 가장 대표적인 예가 2020년 11월 미국 래퍼 릴 나스 엑스(Lil Nas X) 콘서트다. 로블록스에서 릴 나스 엑스를 위한 공간을 따로 마련했고, 사람들은 그 공간에 접속해 다 같이 공연을 즐길 수 있었다. 릴 나스 엑스의 아바타가 등장해 마치 실제 공연장인 것처럼 공연을 했는데, 무대가 바뀔 때마다 릴 나스 엑스의 아바타가 입고 있는 옷도 따라 바뀌었다. 사용자들은 실제 공연장에서처럼 가수와 하이파이브를 한다거나 무대로 올라갈 수는 없었지만, 메타버스 공간에서만 즐길 수 있는 또 다른 경험을 했다. 그 효과로 로블록스는 3600만 명의 사용자들을 끌어모았다.

로블록스를 지켜본 어른들은 보통 두 가지 의견을 말한다. 비교적 건전한 게임이라는 것과 그냥 서로 대화하면서 시간만 때운다는 것이다. 한 철학자가 말하길, 인간은 놀이를 통해 자유로워지며 아름다운 존재가 된다고 했다. 메타버스라는 가상세계에서 아이들이 목적 없이 편하게 놀 수 있도록 곁에서 바라보면서 어른들도 함께 목적 없이 놀면 좋겠다는 생각이 든다. 그러다 보면 우리 모두는 아름다운 존재가 되어 있을 테니 말이다.

02 글로벌 1위를 노린다, 나는 제페토!

1 2억 4000만 명

메타버스 플랫폼 '제페토'

(출처: 제페토)

3억 명. 네이버 메타버스 플랫폼인 '제페토(Zepeto)'의 가입자 수다. 세계 인구 3위인 미국과 맞먹는 수치이다. 2018년 출시 이후 전 세계 MZ세대에게 인기를 끈 제페토의 사용자 수는 계속 증가하고 있다. 제페토는 3D 아바타를 이용해 다른 사용자들의 아바타와 소통하는 플랫폼이다. 메타버스 플랫폼 중에서도 게임 기반이 아닌, SNS를 기능으로 출발한 플랫폼인 셈이다.

제페토는 출시 직후엔 주목을 받지 못하다가 아바타들이 활동할 수 있는 공간인 '월드'를 제작하면서 폭발적으로 성장했다. 자체 제작이 가능한 월드가 등장한 이후 크리에이티브한 콘텐츠가 기하급수적으로 늘어났다. 나의 모습인 아바타를 꾸미고 그 아바타를 이용해 여기저기 이동하면서 플레이할 수 있기 때문이다. 현실의 공간과 비슷하게 만든 월드에서 사용자들은 서로 만나 이야기도 하고, 같이 노래를 부르기도 하며, 기획사를 창업하여 연습생을 모집하거나 미팅을 하기도 한다.

② 블랙핑크, 트와이스 만나려면 제페토로 모여!

아이돌 그룹 '블랙핑크'의 메타버스 아바타

(출처: https://www.mobiinside.co.kr/2021/06/29/zepeto/)

제페토는 젊은 사용자들을 끌어들이기 위해 K-Pop 아티스트들의 아바타를 만들었다. 2020년 국내 엔터테인먼트 회사인 YG 소속 걸그룹 블랙핑크(BLACKPINK)의 신곡 '아이스크림(Ice Cream)' 뮤직비디오 배경을 제페토 월드로 만들기도 했다. 그뿐만 아니라 블랙핑크의 사인회를 제페토에서 개최하여 수

천만 명의 사용자들이 콘텐츠를 소비하고 다녀갔다. JYP엔터테인먼트 역시 그 뒤를 이었다. JYP 소속 걸그룹 트와이스(Twice)의 아바타로 구현한 뮤직비디오를 제페토에서 제작했고, 또 다른 걸그룹인 있지(ITZY)는 제페토 월드에서 팬미팅을 가졌다.

③ 구찌 신상품은 제페토에서 먼저 확인하자

랄프 로렌과 제페토 협업

(출처: https://www.wkorea.com)

젊은 사용자들, 즉 MZ세대가 많이 모이는 플랫폼이니만큼 패션 기업들의 관심도 끌었다. 그중에서 MZ세대에서 인지도가 높은 명품 패션 브랜드인 구찌(Gucci)도 제페토 월드에 진출했다. 구찌는 이탈리아에 있는 본사를 월드맵으로 구현해 구찌의 다양한 패션 아이템을 현실보다 저렴한 가격에 구입할 수 있게 했다. 이처럼 구찌 문화 콘텐츠에 익숙해진다면 추후 자연스럽게 소비로 이어질 것으로 예상하고 있다. 구찌처럼 월드를 구축하지는 않았지만, 제페토에 입점하여 아바타 의류를 판매하는 기업들도 증가하는 추세다. 이미 나이키(NIKE), 퓨마

(PUMA), 디올(DIOR) 등 세계적인 패션 브랜드들이 아이템을 론칭하여 홍보를 진행하고 있다.

④ 현실 세계의 이슈를 메타버스에서 먼저!

메타버스 제작 플랫폼 '제페토 스튜디오'

(출처: https://www.mobiinside.co.kr/2021/06/29/zepeto/)

제페토 사용자들은 증강현실(AR) 기술을 이용해 자신의 아바타로 제페토 월드에 입장한다. 그곳에서 문자, 음성 혹은 이모티콘 등으로 친목을 다진다. 제페토에서 K-Pop 아티스트들의 팬사인회와 콘서트를 즐기며, 옷을 구매하고 대학교 개강 파티를 연다. 네이버 안에서 제페토는 무한한 실험실이라고 불릴 정도로 다양한 것들을 시도해볼 수 있다. 그만큼 독특하고 개성 넘치는 서비스들이 젊은 세대의 취향에 맞춰 만들어지고 있는 것이다. 제페토는 이러한 위력으로 별다른 홍보 없이도 해외 앱 시장에서 다운로드 1위를 기록했고, 국내에서는 가장 많은 가입자를 보유하고 있다.

트렌드에 민감하고, 유행을 주도하는 MZ세대의 전폭적인 사랑을 받고 있는 플랫폼이다 보니 패션, 콘텐츠 등 다양한 기업들이 제페토로 몰리고 있다. 구찌, 나이키, 아기 상어로 유명한 글로벌 콘텐츠 기업 스마트스터디 등에 이어 앞으로 제페토에 입점하려는 기업들은 계속 늘어날 것이다. 이와 같이 본격적으로 제페토 세계가 열리면서 그 기능은 더욱 확장되고 있다. 사용자들이 직접 월드를 제작할 수 있는 '제페토 빌드잇(Zepeto Build It)' 기능과 아바타의 의류와 같은 아이템들을 직접 디자인하고 제작할 수 있는 '제페토 스튜디오(Zepeto Studio)' 기능이 그 예다. 상기의 도구를 활용하여 수익 활동을 할 수 있게 됨으로써 플랫폼 및 창작자가 서로 윈윈할 수 있는 프로세스가 완성됐다.

⑤ 이제는 콘텐츠 부자가 핵심

메타버스 플랫폼 '제페토'

(출처: 제페토)

제페토는 앞으로 더 다양한 콘텐츠를 제공할 계획이다. 지금까지 제페토는 아바타들의 소통 기능에 초점을 맞췄지만, 이제는 사용자들이 직접 참여하는 월드 제작과 로블록스와 비슷한 기능인 게임 기능도 마련할 것이라고 한다. 사용자들의 플랫폼 체류 시간을 늘리기 위해서다. 게임 외에도 국내 대표 MCN(다중 채널 네트워크) 회사인 다이아 티비에 투자해 크리에이터 콘텐츠도 생산할 것으로 보인다. 네이버 관계자는 "플랫폼이 성장하기 위해선 그 안의 콘텐츠가 얼마나 풍부하냐가 중요하다"라고 설명했다. 앞으로 얼마나 창의적인 콘텐츠들이 나올지 기대된다.

CHAPTER

03 | 게임 1등, 콘서트 1등 '포트나이트'

1 한 놈만 살아남는 포트나이트

메타버스 게임 '포트나이트2'

(출처: 에픽게임스)

<배틀 로얄>이라는 영화가 있다. 같은 반 학생들이 섬에 갇혀 최후의 1인이 살아남을 때까지 싸우는 영화다. 이 영화와 같은 규칙으로 성공한 게임이 있다. 바로 크래프톤(Krafton)의 자회사인 펍지(PUBG) 스튜디오에서 제작한 게임 '배틀그라운드(Battle Grounds)'다. 영화 <배틀 로얄>의 형식을 메타버스로 가져온 사례도 있다. 1991년 창업한 미국 게임 제작사인 에픽게임스(Epic Games)에서 제작한 '포트나이트'이다.

초기의 포트나이트는 팀을 이루어 좀비를 없애는 평범한 슈팅 게임이었지만, 이 콘셉트를 추가하면서 엄청난 인기를 끌게 되었다. 바다로 둘러싸인 섬에서 최후의 플레이어가 남을 때까지 서로 싸우는 '배틀 로얄' 콘셉트로 게임이 진행된다. 100일 만에 사용자 수가 4000만 명을 넘어서면서 빠른 속도로 성장한 게임 중 하나로 손꼽힐 만큼 그 인기가 대단하다.

② 콘서트 맛집

미국 래퍼 '트래비스 스콧' 메타버스 공연

(출처: https://www.youtube.com/watch?v=l5CVNIsVcIQ)

포트나이트는 한 단계 더 나아가 '파티 로얄(Party Royale)' 기능을 추가했다. 이 기능을 통해 이전 버전과 마찬가지로 혼자 또는 팀을 이루며 서로 돌아다니거나 이야기를 나눌 수 있는데, 기존 버전과 다른 점은 싸우는 것이 불가능하다는 점이다. 포트나이트는 이제 전투가 아닌 소통과 만남을 위한 공간이 되었다. 코로나19로 사람들을 직접 만날 기회가 줄어들면서 사회적 유대감이 필요해진 이들을 위해 포트나이트는 발 빠르게 시류에 맞춰나갔다.

포트나이트는 이러한 사회적 요구를 수용하기 위해 또 다른 이벤트를 열었다. 거대한 스크린을 설치하고 유명 아티스트들의 콘서트를 연 것이다. 그중 가장 유명한 콘서트가 바로 2020년에 열린 미국 유명 래퍼 트래비스 스콧(Travis Scott)의 공연이다. 총 4일 동안 진행된 이 콘서트는 메타버스 세계를 전 지구적으로 알리는 엄청난 역할을 했다.

래퍼 스콧은 3D 아바타로 등장했고 포트나이트 메타버스 전체를 무대로 삼아 공연했다. 노래가 바뀔 때마다 스콧의 모습은 물론이고 관객들의 아바타까지 하늘과 바다로 이동할 수 있었다. 현실 세계에서는 절대 경험하지 못할 그런 공연이었다. 그 덕에 공연 관객 수는 2700만 명이라는 어마어마한 숫자를 기록했으며 공연의 매출 역시 상상을 초월했다. 그리고 공연에 참여한 사람들에게는 안무 동작과 이모트(Emote)를 판매했다. 이모트는 메타버스에서 사용할 수 있는 일종의 이모티콘 개념이다. 주로 채팅에서 이용되는 것이 특징으로, 이 모든 콘텐츠의 수익이 한화로 약 234억 원이라고 한다. 트래비스 스콧은 "현실적인 제약에 구애받지 않고 세상을 마음대로 꾸미는 듯한 무대를 선보일 수 있었다"라며 만족했다고 한다. 유튜브에서 'Travis Scott and Fortnite Present: Astronomical(Full Event Video)'를 검색하여 꼭 시청해보기를 바란다. 현장 콘서트의 재미와 감동보다는 덜하지만, 새로운 영역이라고 칭할 수 있을 만큼 색다르고 신선하다.

아이돌 그룹 'BTS'의 노래 '다이너마이트' 메타버스 뮤직비디오

(출처: https://www.youtube.com/watch?v=fShp9TBcrwc)

스콧의 성공 사례를 보고, 많은 아티스트들이 포트나이트로 진출하고 있다. BTS도 '다이너마이트(Dynamite)'의 안무 버전 뮤직비디오를 포트나이트에서 처음 공개하고 안무를 굿즈로 만들어 판매했다. 미국의 팝스타 아리아나 그란데(Ariana Grande) 역시 포트나이트에서 공연을 열어 적지 않은 매출을 올렸다.

미국 가수 '아리아나 그란데' 메타버스 공연

(출처: 에픽게임즈)

일반적으로 오프라인 콘서트는 공연장의 지정된 자리에서 고정된 시야로 시청하고 호응하는 것만 가능했지만, 포트나이트 콘서트의 경우 해당 가수와 직접 소통하면서 인터렉션으로 행사에 직접 참여할 수 있다. 또한, 메타버스의 기술을 십분 활용하여 현실 세계에서 구현하지 못하는 특수 CG로 팬들의 시각을 좀 더 자극할 수 있다. 최근에는 연예인들이 팬들과 소통하는 라이브 방송이 대세로 자리 잡은 것처럼, 메타버스 콘서트도 팬들과 나누는 소통의 한 장르로 자리 잡을 것이다.

③ 끊임없이 진화하는 포트나이트

포트나이트와 마블의 협업

(출처: 에픽게임스)

포트나이트는 나이키와 협력해 현실 세계의 제품을 메타버스 안에서도 이용 가능하게 했다. 그뿐만 아니라 마블과도 협업해 히어로들이 사용하는 무기들을 아바타들이 사용할 수 있게 만들었다. 현실 세계에서 수익을 내던 나이키와 마블과 같은 대기업들도 메타버스와 같은 가상세계 수익 창출에 눈을 돌리고 있다.

메타버스 세계가 어떤 모습으로 변할지는 아무도 모르지만, 포트나이트의 향후 발전과 변화에는 주목할 필요가 있다. 좀비게임에서 시작한 포트나이트가 좀비처럼 모든 경쟁자들을 물리치고 메타버스 선두 주자가 될 수 있을지 기대된다.

04 | 스타크래프트는 아는데, 마인크래프트?

1 여기도 1억 명?

메타버스 게임 '마인크래프트'

(출처: 마인크래프트)

마인크래프트(Minecraft)는 로블록스보다 늦게 출시되었지만, 최근 교육 콘텐츠를 활용하여 급격하게 성장하고 있고 있는 메타버스 플랫폼이다. 2014년 마이크로소프트(MS)가 마인크래프트를 인수하고 나서부터 윈도우와 맥 OS, 안드로이드, 닌텐도 등 다양한 플랫폼에 진출해 많은 사용자들을 확보했다. 그 덕에 마인크래프트는 전 세계적으로 성공한 게임 중 하나가 되었고, 역대 비디오 게임 판매량에서 2위를 차지하고 단일 게임으로는 1위를 차지하는 쾌거를 이루었다. 발표된 자료에 따르면 마인크래프트의 월간활성사용자수(MAU)는 1억 2600만 명에 달하는 것으로 알려졌다.

메타버스 게임 '마인크래프트'

(출처: 마인크래프트)

마인크래프트는 모든 것이 네모난 블록으로 이루어진 세계에서 블록들을 채굴(Mine)해서 제작(Craft)하는 게임이다. 밤이 되면 나타나는 적대적인 몬스터들로부터 자신을 보호하기 위한 집이나 성을 건축하고, 농사를 짓는 등 가상의 생활을 할 수 있다. 게다가 사용자가 게임 내 각종 명령어를 사용해 게임을 만들 수 있는 높은 자유도로 인기를 끌고 있다. 다른 메타버스 플랫폼들처럼 제조사가 아닌 사용자들이 직접 새로운 콘텐츠를 제작할 수 있다는 점도 사람들의 이목을 끈다.

미국 대학 UC 버클리의 메타버스

(출처: https://www.youtube.com/watch?v=m4f-Jc2kZrA)

마인크래프트는 사용자들의 자유로운 제작 참여와 더불어 게임을 즐기며 프로그램 코딩을 쉽게 익힐 수 있어 프로그래밍 교재로도 활용되고 있다. 국내에도 마인크래프트 열풍이 불면서 청와대가 어린이날을 맞아 마인크래프트 안에 청와대를 만들고 투어를 실시했다. 국내 기업들도 마인크래프트를 활용해 기업을 홍보하기도 했다.

이렇듯 마인크래프트에서 만들어지고 있는 것들은 엄청난 규모와 디테일을 자랑한다. 미국 캘리포니아의 UC 버클리(UC Berkeley) 학생들은 코로나19로 등교가 어려워지자 마인크래프트 안에 학교를 그대로 재현했다. 모든 건물을 재현한 것은 물론이고 도로 하나, 나무 하나까지 다 옮겨놨다. 그리고 그 안에서 졸업식까지 열었다.

메타버스 제작 유튜브

(출처: 양띵 유튜브)

마인크래프트 그 자체만으로도 재미있는 콘텐츠지만, 그 안에서 색다른 것을 만들 수 있다는 것도 사람들의 흥미를 불러일으킨다. 이미 유튜브에는 마인크래프트 제작 과정에 관한 콘텐츠들이 많고, 월드를 건설하는 유튜버들은 엄청난 인기를 끌고 있다. 한국 최초로 유튜브 100만 구독자를 달성한 유튜버 '양띵', 샌드박스 네트워크 창립자이자 237만 명의 구독자를 보유한 유튜버 '도티', 195만 명의 구독자를 보유한 유튜버 '잠뜰' 등이 활발하게 활동 중이다.

마인크래프트와 라코스테의 협업

(출처: 라코스테)

패션 스포츠 브랜드 라코스테(LACOSTE)와 마인크래프트가 만났다. 패션과 게임 업계를 대표하는 두 기업이 만나 제작한 가상세계는 다른 가상세계와는 사뭇 다르다. 라코스테의 마인크래프트 맵인 크로코 아일랜드(Croco Island)는 자이언트 악어를 중심으로 도시, 숲, 해변, 테니스 코트로 구성되어 라코스테의 감성이 담긴 세계를 무료로 즐길 수 있다. 또한 마인크래프트 속에서 각각의 사용자가 자신만의 개성을 표현할 수 있도록 디자인한 상품들도 판매한다. 라코스테와 마인크래프트의 컬래버레이션은 국내 오프라인 팝업 스토어를 통해서도 만나 볼 수 있다.

마인크래프트와 푸마의 협업

(출처: 푸마)

또 다른 패션 브랜드인 푸마(PUMA)도 마인크래프트와 협업을 했다. 마인크래프트는 게임 캐릭터인 오실롯이 푸마의 브랜드 로고처럼 뛰어오르는 장면을 연출했고, 푸마는 마인크래프트 게임처럼 디자인된 신발을 출시했다.

6 유튜브와 마인크래프트의 만남

유튜브 크리에이터 대운동회

(출처: 머니게임[Money_game] 유튜브)

유튜브는 크리에이터들을 위한 전용 디지털 공간인 '크리에이터 타운 대운동회'를 마인크래프트에서 운영한다. 유튜브 마케팅 관계자는 "오프라인에서 사람들과 만나고 소통하는 것이 어려워진 요즘, 크리에이터들이 서로 교류하며 협업하는 것을 돕고자 지난해에 이어 온라인으로 '크리에이터 타운'을 진행하게 됐다"라면서 "이번 행사를 통해 다양한 콘텐츠를 제작하는 크리에이터들이 함께 어울리며 소중한 추억을 만들 수 있기를 바란다"라고 전했다.

⑦ 갑자기 성인 게임으로?

마인크래프트 셧다운제 논란 뉴스

(출처: http://www.civicnews.com/news/articleView.html?idxno=32116)

2011년부터 시행 중인 게임 '셧다운제' 문제로 인해 전 세계에서 전체 연령가 게임인 마인크래프트가 갑자기 국내에서는 19세 이상만 사용할 수 있는 게임이 됐다. 마이크로소프트가 게임 소프트웨어 업데이트 시 보안 문제가 있다면서 그동안 모장 스튜디오 계정으로 로그인하던 마인크래프트를 마이크로소프트 엑스박스 라이브 계정으로 전환하기 시작했기 때문이다. 현재 국내에서는 엑스박스 게임 가입을 하려면 필히 19세 이상이어야 한다.

마이크로소프트가 16세 미만 청소년의 심야시간 게임을 제한하는 한국용 서버를 따로 구축할 수 없으니 한국에서는 성인만 마인크래프트 계정을 생성할 수 있도록 한 것이다. 하지만 국내 게이머들의 집단 반발을 샀고 마이크로소프트는 현재 다른 방안을 찾고 있는 것으로 보인다.

Design Your Dream, 메타피아

메타버스 산업이 태동함에 따라 정부 및 기업들은 발 빠르게 메타버스 월드를 구축하기 위한 기획을 진행했다. 메타버스 전문 기업인 메타피아(METAPIA)가 B2G, B2B로 진행한 사례를 통해 현장에서는 어떻게 메타버스를 활용하고, 효율적으로 적용하고 있는지 설명하고자 한다.

1 전주한옥마을(한국관광공사)

한국관광공사와 협업해 대한민국 최고 인기 관광지인 전주한옥마을을 메타버스로 구현했다. 해당 월드가 오픈할 시점에는 전 세계 공항이 셧다운되어 항공을 통한 외국인 입국이 금지된 상황이었지만, 메타버스 기술을 활용하면 가정에서도 손쉽게 지구 반대편에도 입장이 가능하다. 특히나 중국·일본·동남아 유저들의 방문이 쇄도했고, 메타피아에서 디자인한 한복 의상을 입고 월드를 구경하

면서 SNS에 업로드했다. 코로나 상황이 해소되면 전주한옥마을을 직접 방문하여 디지털 트윈이 된 메타버스 공간과 실제 공간을 비교해보면서 관광하는 것도 여행 포인트 중 하나가 될 것이다.

② DMZ판문점(민주평화통일자문회의)

대통령 직속기관인 민주평화통일자문회의와 협업해 군사경계선에 있는 DMZ 판문점을 구현했다. 미디어에서 보면 문재인 대통령, 트럼프 대통령, 김정은 국방위원장이 자유롭게 군사경계선을 넘어가지만, 일반인에게는 엄격하게 출입이 통제되고 있는 곳이다. 하지만 메타버스 공간에서는 자유롭게 월북하여 구경할 수 있도록 디자인했다. 남측 자유의 집에는 '북한 말 맞히기 퀴즈'와 '북한 음식' 콘텐츠를 전시해 메타버스 유저들이 북한을 좀 더 쉽게 이해할 수 있도록 구성했다. 월드가 오픈하고 재미있는 에피소드가 두 개 일어났는데, 첫 번째 에피소드는 김정은 위원장 모습을 따라 한 유저가 평양냉면 먹방 동영상을 촬영하고 인민 연설을 진행한 것이었다. 두 번째 에피소드는 두 명의 유저가 각각 한

국 군복과 인민 군복을 착용한 채 다투지 않고 평화롭게 지내는 통일 드라마를 제작한 것이다. 메타버스의 가장 큰 장점은 2차 콘텐츠 확산이 빠르며 창의적인 아이디어를 쉽게 볼 수 있다는 것이다.

③ 종로 사옥(SGI서울보증)

세계 3위 보증기관인 SGI서울보증 본사와 종로 관광지를 디지털 트윈 하여 메타버스 공간을 구축했다. 최근 대한민국 청소년은 국영수 및 학교 교과목만 집중적으로 학습하고, 금융 교육이 제대로 이루어지지 않아 금융 문맹이라 불리기도 한다. SGI서울보증은 기관의 특징을 잘 살려 어린이 및 청소년을 위한 금융 콘텐츠를 제작해 메타버스 공간에 구현하고 금융 독립을 촉진하기 위한 캠페인을 실시했다. 또한, 본사 측면에 동대문과 청계천을 구현해 대한민국의 멋을 널리 알리고, 옛것과 현대의 것을 조화롭게 디자인함으로써 온고지신 정신을 강조했다.

④ 서울역(코레일)

한국철도공사 코레일과 협업해 서울역을 구현했다. 서울역은 전국으로 철도 망이 연결되어 있어 한국을 반나절 생활권으로 만들어준 장본인이다. 전국의 핫 플레이스를 알려주는 코레일 여행센터, 대한민국 최초 기차 미카형 기관차, 쾌적 하고 신속한 KTX, 대한민국 장병을 운송하는 TMO(국군철도수송지원반), 안전하 게 승객을 보호하는 철도경찰, 상생을 추구하는 중소기업명품마루, 휴식처 카 페, 신형 티켓 발매기를 구현했다. 승차 플랫폼 입구에 설치한 광고판으로 지방 특산품을 광고해 추가 수익을 창출하고 있기도 하다. 특히 박물관에서만 볼 수 있는 미카형 기관차를 서울역 지붕 위를 날아다니는 것처럼 구현해 유저들에게 많은 사랑을 받고 있다. 이 외에도 세상에서 가장 아름다운 간이역 화본역과 어 린이 철도체험학습으로 유명한 연산역을 구현했다.

중국 전문 언론사 차이나 헤럴드(China Herald)의 의뢰를 받아 뉴스룸을 제작했다. 방송국과 동일하게 데스크, 촬영 장비, 아나운서 대기실, 편집 공간을 구현했는데, 뉴스룸 월드의 경우 방송국 드라마나 뉴스를 촬영할 때 자주 활용되고 있다. 이뿐만 아니라 앵커·아나운서·조명기사·촬영기사·PD 지망생들이 직접 방문하여 시뮬레이션을 진행함으로써 적성검사 역할도 톡톡하게 하고 있다. 우연히 뉴스룸에서 9시 뉴스를 진행하면서 발성 연습을 하는 모습을 목격했는데, 프로필을 보니 15세 여성 유저였다. 그 메타버스 유저가 성인이 되어 방송을 진행하는 모습을 목격하기를 희망해본다.

세계에서 손꼽히는 명문 대학 카이스트 경영대학을 메타버스로 구현했다. 학교 재학생 및 졸업생들이 학교 동아리 모임, 동창회, 홈커밍데이 등 행사 장소로 활용하고 있다. 또한 카이스트 입학을 희망하는 초·중·고 학생 유저들이 월드에 입장하여 캠퍼스 투어를 하는데, 학교 정보를 제공하고 동기부여를 해주는 역할도 하는 중이다. 현실 속 카이스트는 약간 딱딱한 느낌이 있다 보니 캠퍼스 내에 가상의 인공 호수 및 정자를 설치해 연구 퍼포먼스 실적이 더 잘 나오도록 설계했으며, 큐브 형태로 강의실 의자와 책상을 디자인해 고정관념을 탈피하자는 메시지를 전달하고 있다.

메타버스 전문 기업 메타피아 사옥을 3층 규모로 자체 구축했다. 1층에는 업무 스트레스를 해소하고 더위를 피할 수 있는 수영장과 허기가 지면 언제든 음식을 요리할 수 있는 부엌이 구비되어 있고, 2층에는 메타버스 월드를 디자인하는 편집실과 언제든 힐링을 할 수 있는 휴게실이 있다. 3층에는 팀원들의 사기와 체력을 증진시키기 위한 모든 기구가 갖추어진 헬스장이 있으며, 옥상에는 캠프파이어와 텐트를 설치하여 재충전할 수 있는 공간을 마련했다.

본래는 부서 내부 회의실 용도로 사용하거나 외부 기업 미팅 장소로 활용하고자 했지만, 메타피아 사옥의 세련된 디자인이 입소문을 타면서 특히나 일본 유저들이 많이 입장했다. 월드를 방문하면 일본 유저들이 일본어로 대화하면서 온천을 즐기거나 선탠을 하는 모습을 종종 볼 수 있다.

대한민국 독립을 위해 결성된 대한민국 임시정부를 메타버스로 구현했다. 임시정부는 일본군의 감시를 피하기 위해 중국 상해, 항주, 진강, 장사, 광주, 유주, 기강, 중경 순으로 거처를 부득이하게 옮겼는데, 그 규모가 가장 크고 잘 보존되어 있는 상해 신천지에 위치한 상해 임시정부를 선택해 디자인했다. 1층에는 회의실과 주방, 2층에는 김구 선생 집무실과 회의실, 3층에는 독립투사들이 머무는 요원 집무실을 구현했다. 현실에는 존재하지 않는 별관을 자체적으로 구축하여 대한민국 독립투사분들의 콘텐츠를 관람할 수 있다.

삼일절에는 유저들이 월드에 입장하여 순국선열과 호국영령의 묵념을 하거나 유관순 열사의 의상을 착용한 채 태극기를 들고 대한민국 만세 운동 캠페인을 진행한다. 8.15 광복절에는 애국가를 메타버스 영상으로 제작하여 SNS에 업로드해 자연스럽게 2차 콘텐츠 제작과 애국심을 고취하는 역할을 톡톡히 하고 있다.

식품의약품안전처와 협업하여 푸드월드를 제작했다. 영화 <하늘에서 음식이 내린다면>에서 아이디어를 얻어 푸드캐슬로 만들었다. 바나나로 된 선박, 파인 애플 집, 막대사탕 배관 등 먹거리를 활용하여 월드를 완성했다. 이 외에도 미로 게임, 식품 OX 퀴즈, 점프 게임을 구현해 체류 시간을 늘리고 SEO 최적화를 통해 더 많은 유저들에게 노출될 수 있도록 유도했다. MZ 세대는 음식에 대한 지식이 부족하고 건강에 대한 경각심이 낮아 자칫 불균형한 식단을 유지하기 쉽다. 이에 영양성분표, 카페인과 당류 교육 콘텐츠를 제작하여 전시했고 많은 MZ 세대들에게 긍정적인 피드백을 받았다.

한국 최초 노벨상 수상자인 故 김대중 대통령의 동교동 사저 박물관을 메타버스로 구현했다. 대통령이 거주하다 보니 집 구조가 미로처럼 되어 있어 보안성이 상당히 높은 건축물이었다. MZ세대들에게는 김대중 대통령이 생소하지만 헌정 사상 최초 호남 태생 대통령이고, 직접선거로 선출된 최초의 민주당 소속 대통령이기도 하다. 또한, 대통령이 되기 이전의 귀중한 자료를 수집하여 민중당·신민당·통일민주당·평화민주당 시절 모습도 구현했다. 노벨평화상 관련 콘텐츠를 사저 곳곳에 전시하여 유저들에게 많은 영감과 귀감을 줄 수 있도록 기획했다.

WEB 3.0 시대에 들어오면서 암호화폐와 NFT 시장이 급성장하게 되었고, 풍랑 속에서 큰 이문을 남긴 사람들이 자연스럽게 발생했다. 일반적으로 경제적 여유가 있으면 문화 및 스포츠 쪽으로 관심을 돌리곤 하는데, 신흥 부자들도 재벌들과 같이 스포츠 구단 및 부동산을 구매하거나 미술관을 건립했다. 다른 점이 있다면 신흥 부자들은 현실 세계가 아닌 가상공간에서 가상 부동산을 매매하고 미술관을 건립하여 자신의 NFT를 전시한다는 점이다. 플렉스 문화가 현실이 아닌 가상공간으로 넘어가고 있고, 더 적은 돈으로 더 많은 사람들에게 노출이 가능하다는 장점이 있다. 예를 들어 1000만 원짜리 샤넬백을 구매하고 자랑하려면 약속 시간을 정하고, 메이크업을 하고, 자동차를 타고, 만나서 자랑을 하고, 다시 자동차를 타고 거주지로 돌아와야 하지만, 이제는 1000만 원 상당의 NFT를 구매하고 자신의 프로필 사진(FPF)으로 설정하면 부와 트렌디함을 동시에 과시할 수 있게 되었다.

세종대학교 캠퍼스타운의 의뢰를 받아 어린이대공원역, 광진광장, 세종대학교 캠퍼스타운을 메타버스로 구현했다. 광진광장에는 스케이트보드를 탈 수 있는 넓은 공간과 자동차 경주를 할 수 있는 도로를 디자인했고, 실제로 존재하지 않는 분수를 구현하여 메타버스의 순기능을 활용했다. 서울시와 광진구가 공동으로 지역상생 성과공유 및 청년창업 컨퍼런스인 '세종대 캠퍼스타운 꿈드림데이'를 월드에서 개최했다. 또한, 입주 스타트업 기업들의 제품 및 서비스를 전시하여 홍보 및 마케팅에도 큰 도움을 주고 있다.

13 메타버스 홍보 영상(과기부)

과학기술정보통신부 의뢰를 받아 SOMA 프로그램 홍보 영상을 제작했다. 정부 프로그램이 마무리되는 날에는 일반적으로 행사 사진들을 편집하여 영상으로 재생하는 것이 일반적이지만, 메타버스 캐릭터 두 명이 등장해 행사 프로그램과 회고 시간을 가지는 콘텐츠를 기획했다. 실제 모델을 고용하여 영상을 촬영한다면 기획 비용, 모델료, 스튜디오 비용, 편집 비용이 발생하겠지만, 메타버스 모델로 교체함으로써 위화감 없이 친근감을 느낄 수 있고 3D 디자이너 및 성우(이마저도 인공지능 보이스로 교체 가능)만 있으면 적은 비용으로도 제작이 가능하다. 프로젝트마다 단가에는 차이가 있지만 시간적 측면에서 최소 3배, 비용적 측면에서 최소 10배 이상의 리소스를 절감했다.

메타버스 공간에서는 누구나 전지전능한 아이언맨이 되거나 출중한 외모를 가진 걸그룹이 될 수 있다. 인스타그램의 경우 특별한 사건이 발생하거나 희소한 배경일 때 많은 관심을 받게 되지만, 메타버스의 경우 아바타와 배경을 자유자재로 교체할 수 있어 공간과 시간 제약 없이 흥미로운 콘텐츠 제작이 가능하다. 최근에는 MZ세대를 중심으로 자신의 아바타를 이용하여 뮤직비디오를 촬영하고, 내가 주인공이 된 영상을 편집하는 색다른 체험도 하고 있다.

메타피아에서는 유명 노래들을 뮤직비디오로 제작하여 메타버스 음악을 선도 중이다. 현재까지 약 30개 이상의 뮤직비디오를 촬영했으며 모든 콘텐츠는 제페토 & 유튜브 피드에서 관람할 수 있다.

⑮ 메타버스 브이로그

By Metapia
브이로그

메타버스 콘텐츠 문화를 선도합니다.

앞에서 소개한 뮤직비디오와 같은 개념으로 유튜브 브이로그('비디오(Video)' 와 '블로그(Blog)'의 합성어, 자신의 일상을 동영상으로 촬영한 영상 콘텐츠)가 아닌 메 타로그(Meta-log)가 유행하고 있다. 코로나 팬데믹으로 외출이 불편해지기도 했 고 해외의 경우 실제 방문이 불가능하지만, 해당 월드를 방문함으로써 대리만족 을 느낄 수 있게 되었다. 이뿐만 아니라 영화 및 드라마 속 주인공이 되어 많은 경 험을 쌓는 것도 가능해졌다. 브이로그는 콘텐츠 기획, 촬영, 음향, 자막, 편집, 마 케팅 등 많은 능력을 요구하는 종합 예술이다. 해당 영상을 만들어 네티즌들의 사랑을 받는다면 그것은 아마 엄청난 재능일 것이다. 명문 대학교를 졸업하고 방 송국에 지원하는 것이 아니라, 이제는 성인이 되기 전에 스카우트를 당할 수 있 는 길이 열렸다.

일반적인 의상은 1만 원부터 10만 원 선에 가격이 책정되어 있다. 요즘은 클래식한 아이템을 구매하여 평생 입는 경우보다 유행의 변화가 빠르기 때문에 1~2년 입고 그 후에는 입지 못하는 경우가 허다하다. 메타버스에서는 이러한 부분을 환경적 측면과 경제적 측면에서 동시에 절약할 수 있다. 메타버스 가상 생태계가 확장이 되면 실제 현실 세계에서 만나는 사람보다 더 많은 숫자를 메타버스에서 만나게 되고, 사람들은 실제 의상보다 메타버스 공간의 의류에 더 많은 투자를 할 것이다.

메타버스 월드에서는 특히 미성년자들이 스스로 디자인한 의상을 파는 경우가 많은데, 이는 자신의 취미와 경제적 창출을 일원화하여 일명 '덕업일치'를 했기 때문이다. Z세대들은 성인이 되기 전에 자신의 힘으로 돈을 벌어본 세대이기 때문에 비즈니스에 대한 이해도가 그 어떤 세대보다 높을 것으로 예상된다.

메타피아는 매년마다 아바타 S/S, F/W 의상을 론칭하고 있으며, 특히 한복을 전문적으로 디자인하여 해외 유저들에게 판매해 대한민국 알리기에 앞장서고 있다.

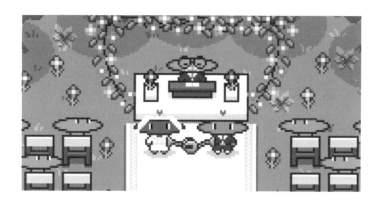

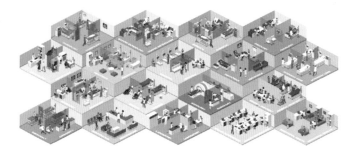

메타피아는 정부 및 기업들에게 3D 메타버스 플랫폼뿐만 아니라, 2D와 2.5D 디자인까지 공급하고 있다. 최근에는 사람과 똑같이 생긴 실사 형태의 플랫폼뿐만 아니라 옛날 감성인 레트로 형태가 다시 유행 중이다. 게더타운, 바람의나라, 샌드박스 등이 레트로 콘셉트로 서비스를 출시하여 많은 사랑을 받고 있다.

대한민국 위인들을 3D 캐릭터로 모델링하여 제작하고 있으며, ESG 활동의 일환으로 독립투사 관련 단체에 기부하고 있다. 추후에는 대한민국 역사나 독립운동 콘텐츠를 활용해 메타버스 월드를 구축함으로써 전 세계에 대한민국이라는 나라를 널리 홍보하고 역사 왜곡에 대응하는 멋지고 유일무이한 콘텐츠를 제작할 예정이다.

나오며

가장 강한 종이나 가장 똑똑한 종이 살아남는 것이 아니라, 변화에 가장 잘 적응하는 종이 생존한다.

— 찰스 다윈(Charles Robert Darwin)

2007년 애플의 아이폰이 출시되고 스마트폰이 전 세계적으로 공급되기 시작했다. 처음에는 손 컴퓨터를 사용하는 데 상당한 어려움을 겪었지만, 이제는 노인 계층도 큰 무리 없이 활용하고 있다. 최근 식당에서는 키오스크가 본격적으로 보급되기 시작해 터치스크린 컴퓨터를 사용하지 못하면 이제는 외식도 어려운 상황이 되었다. 많은 이들이 사회의 급속한 변화에 상당한 불만을 가지고 있지만, 스마트한 사람들은 신기술을 적재적소에 활용하여 큰 이문을 남기고 있다. 현실에 적응하지 못해 평생 불평할 것인가 아니면 기술 변화를 빠르게 흡수하여 비즈니스에 적용할 것인가는 독자의 선택에 달려 있다.

2022년 7월 7일

메타피아 메타버스 사옥에서.